Gerhard Breidenstein
Brennende Kerze im Sturm
Mystische Spiritualität inmitten unserer Welt

Impressum

Gerhard Breidenstein
Brennende Kerze im Sturm
Mystische Spiritualität inmitten unserer Welt

Layout: Andreas Klinkert
Satz: Elke Habicht
Titelmotiv: photocase/jingz (modifiziert)
Autorenfoto: privat
Druck und Bindung:
Westermann Druck Zwickau GmbH
Auflage: 1/2016
© Oktober 2016
Publik-Forum Verlagsgesellschaft mbH
Postfach 2010
61410 Oberursel

ISBN 978-3-88095-305-5

Gerhard Breidenstein

Brennende Kerze im Sturm

*Mystische Spiritualität inmitten
unserer Welt*

Hinweise zum Autor

 **Gerhard Breidenstein,** geboren 1937, ist evangelischer Theologe, promoviert in Sozialethik. Er lebte und arbeitete drei Jahre in Südkorea, war jahrzehntelang aktiv in den außerparlamentarischen Protestbewegungen, gründete eine ökologisch-spirituelle Lebensgemeinschaft sowie die bundesweite Initiative »Aufbruch – anders besser leben«. Viele Jahre lang hielt er Vorträge und Seminare zu Fragen der Nachhaltigkeit. Seit 1989 praktiziert er Zen-Meditation.

Weitere Informationen: www.auf-dem-zen-weg.de

Inhalt

Einleitung: Was bedeutet »mystische Spiritualität«?

»Mystik? Das ist doch Weltflucht!« Diese Reaktion bekommt man oft zu hören, wenn man von Mystik in
unserer Welt sprechen will. Insofern ist es zunächst
nötig zu erklären, was in diesem Buch unter Mystik
verstanden wird. Das Wort klingt, oberflächlich betrachtet, zu sehr nach System, nach Definierbarem. Es
ist aber typisch für Mystik, dass sie keine Lehre hervorgebracht hat, nichts, was sich in einem System darstellen ließe. Vielmehr geht es in den meisten Äuße-
rungen von Mystikern oder Mystikerinnen um den
Versuch, »letzte Erfahrungen« in Worte zu fassen –
was eigentlich unmöglich ist. So will ich in diesem
Buch lieber von mystischer Spiritualität sprechen.

Das empfiehlt sich auch aus einem weiteren
Grund: Es gibt mystisches Denken und Glauben in
fast allen großen Religionen: Schamanismus in vielen Naturreligionen, Yoga im Hinduismus, Zen im
Buddhismus, die Chassidim im Judentum, Mystiker
und Mystikerinnen im Christentum und die Sufis im

Islam. Es sind jeweils Sonderströmungen in ihren Religionen, sodass es sinnvoll ist, etwa von einer buddhistischen oder einer christlichen Mystik zu sprechen. Aber die Gemeinsamkeiten zwischen den genannten Richtungen sind so groß, dass es durchaus vertretbar ist, von *der* mystischen Spiritualität zu reden. Sie liegt gleichsam in der Mitte, wenn man sich diese Religionen in einem Kreis angeordnet vorstellt.

Diese überraschend deutlichen Gemeinsamkeiten kann man so charakterisieren: Ein mystisches Weltbild kennt nur eine Wirklichkeit, keine Trennung zwischen Oben und Unten, Göttlichem und Menschlichem, Geist und Materie, Licht und Dunkel. Alles wird als mit allem verbunden erfahren und bezeugt. Das Weltbild der Mystik ist nichtdual, also nicht aufgespalten in Gegensätze; es geht um die Erfahrung der Nondualität der Wirklichkeit. Das Göttliche wird dabei als allgegenwärtiger Geist verstanden, verkörpert in allen Menschen, Tieren, Pflanzen und Dingen, von den kleinsten Energiebündeln in einem Atom bis zu den fernsten Galaxien. Entsprechend wird der Mensch nicht als eine in sich abgeschlossene Einheit gesehen, die »der Umwelt« und »dem Göttlichen« gegenübersteht, sondern als Teil der *einen*, ganzen Wirklichkeit, als einer von unzähligen Knotenpunkten im Netz des Lebens.

Es erscheint mir sinnvoll, zwischen »Wirklichkeit«
und »Welt« zu unterscheiden. Dann meint der Begriff
»Wirklichkeit« das Ganze des Seins in all seinen Di-
mensionen der Tiefe, Höhe und Weite, das Sichtbare
wie das Unsichtbare. Um das Einssein aller Vielfalt in
dieser Wirklichkeit geht es der mystischen Erfahrung.
Dagegen meint der Begriff »Welt« nur jenen kleinen
Ausschnitt der Wirklichkeit auf unserem Planeten Erde, der sich uns alltäglich aufdrängt. Zumeist umfasst
er nur das, was unsere normalen Sinne wahrnehmen
können. Aber es ist diese Welt, die uns immer wieder
herausfordert aus alten Denkgewohnheiten und uns
zu neuem Handeln drängt. Diese Unterscheidung zwischen Wirklichkeit und Welt – wie etliche andere Unterscheidungen, die ich hier vornehme – entstammt allerdings dem dualen Denken, das jederzeit von der
nondualen Erfahrung mystischer Spiritualität aufge-
hoben werden kann und immer wieder überwunden
werden muss. Das relativiert zwar den Wert solcher
Unterscheidungen, macht sie aber nicht gänzlich un-
brauchbar für unser alltägliches Leben und Verstehen.

Da Erfahrungen in unserer Alltagswelt häufig mit
Leid verbunden sind, gab und gibt es in den Religio-
nen immer wieder Tendenzen zum Rückzug aus der
Welt, zumindest eine Sehnsucht nach einem leidfrei-
en Jenseits (Paradies, Nirwana und Ähnliches). Die
Lebensform der Einsiedelei oder der Klöster hat diese

Tendenzen verstärkt und sichtbar gemacht. Dem setzten die jeweiligen mystischen Strömungen immer wieder ihr Verständnis von der einen, ungeteilten Wirklichkeit entgegen. Wer nur eine Wirklichkeit kennt, kann und will nicht aus der Welt fliehen, selbst wenn er oder sie sich auf Zeit aus dem weltlichen Getriebe zurückzieht. Das kann für die innere Reifung nötig sein. Aber mystisch-spirituelle Lehrerinnen und Lehrer haben stets ihre Schüler und Schülerinnen auf die Welt, ja in den Alltag verwiesen als den entscheidenden Raum der Bewährung ihrer mystischen Erfahrung – und sei es beim Putzen. »Erleuchtung« wird meist nicht als Entrückung aus der Welt erlebt, sondern als Einweisung in die Welt, wie sie wirklich ist, als Erwachen für die Welt.

Eine weitere Unterscheidung – die zwischen *Ich* und *Selbst* – ist so zentral für mystische Spiritualität, dass ich ihr ein eigenes Kapitel gewidmet habe. Dabei geht es darum, unsere alltägliche Ich-Wahrnehmung als Illusion zu erkennen. Wenn das Ich-Bewusstsein, das wir uns wie die Spitze einer Welle vorstellen können, sich öffnet oder geöffnet wird hin zum Ozean des Seins, dann fließt die Selbstwahrnehmung über in die Wahrnehmung des Ganzen, dann steht die mystisch verstandene Individualität, das Selbst, inmitten aller Welt. Dann ist das isolierte Ich, das Ego, überwunden beziehungsweise transzendiert.

Allerdings macht es uns *die heutige Situation der Welt* nicht gerade leicht, sich für sie zu öffnen, in sie gleichsam einzutauchen. Im Gegenteil! Nicht nur spirituelle Menschen, sondern auch sensible Realisten sind versucht, sich aus dieser als sehr stürmisch erlebten Welt herauszuhalten. Manche entziehen sich ihr aus einem Gefühl der Ohnmacht ins Private oder gar in die Innerlichkeit – oder sie verfallen in Verzweiflung und Resignation. Ich selbst habe das erlebt, als ich Anfang 1987 eine Zusammenfassung der damals bekannten ökologischen Krisen las. Es wurde gezeigt, dass die Zersetzung der Ozonschicht, die Vergiftung der tiefen Grundwasserschichten oder all der Giftmüll und radioaktive Abfall erst mit Zeitverzögerungen ihre volle Wirkung entfalten und viel zu spät als Gefahr wahrgenommen werden. Das entzog meinem damaligen politischen Aktionismus den Boden, und ich stürzte in eine existenzielle Krise. Was hatte es noch für einen Sinn, zu agieren und zu agitieren, wenn es doch für Gegensteuerung schon zu spät war? Ich konnte durch glückliche Umstände relativ bald aus dieser Resignation wieder auftauchen und schrieb das Buch »Hoffen inmitten der Krisen«. Darin trug ich viele Gründe zusammen, wie man trotz allem eine langfristige Hoffnung aufbauen und einen Weg durch die Krisen hindurch gehen könne. Allerdings spielte für mich damals mystische Spiritualität noch keine Rolle. Ich finde es aber dringlicher denn je, dass man diese Krisen überhaupt wahrnimmt.

Da dieses Buch keine akademische Abhandlung sein soll, habe ich auf Fußnoten verzichtet. Direkte oder indirekte Zitate werden nur mit Autorennamen, eventuell Buchtitel und Seitenzahl angegeben. Die jeweils vollständigen bibliografischen Angaben findet man im angehängten *kommentierten Verzeichnis der benutzten Literatur*. Das gilt auch für die Motto-Texte am Anfang der Kapitel, deren Quellen in einer gesonderten Liste im Anhang aufgeführt werden.

Diese Publikation will eine *Einführung* bieten in das sehr umfangreiche und komplexe Thema »Mystische Spiritualität und Leben in der Welt«. Es kann also nur knapp gehalten sein und wird in manchem oberflächlich bleiben müssen. Ich habe deshalb im Literaturverzeichnis Buchtitel angeführt, die sich zur Vertiefung eignen.

Mein besonderer Dank gilt meinen spirituellen Lehrerinnen und Lehrern. Ich nenne sie »in der Reihenfolge ihres Auftretens« in meinem Leben: Stephanie Krenn, Joanna Macy, Johannes Kopp SAC, Thich Nhat Hanh, Willigis Jäger, Jörg Zink, Eckhart Tolle, Michael von Brück. Ferner danke ich den Freundinnen und Freunden, die die erste Fassung meines Manuskriptes kritisch durchgesehen und mit wertvollen Kommentaren bedacht haben. Schließlich danke ich sehr meinem Lektor Roland Rottenfußer für den Anstoß zu diesem Manuskript und dessen einfühlsame Lektorierung. Sehr dankbar bin ich dem Verlag Publik-Forum und Dr. Norbert Copray dafür, dass mein Buch in die Edition aufgenommen wurde, und Elke Habicht für das sorgfältige Lektorat.

Ich widme dieses Buch meiner Ehepartnerin und Wegbegleiterin Renate.

1. Das Bild einer stürmischen Welt

In der Einleitung zu diesem Buch wurde erläutert, dass und warum dieses Kapitel ein Bild unserer stürmischen Welt zeichnen soll, so wie sie sich Tag für Tag in unseren Zeitungen und Fernsehnachrichten darstellt, genauer gesagt: wie sie dargestellt *wird*. Die Nachrichten zu den wichtigsten Krisenfeldern unserer Weltgesellschaft sind oft so erschreckend oder deprimierend, dass unserem Bewusstsein fast nichts anderes übrig bleibt, als diese sich aufhäufenden Berichte immer wieder zu verdrängen. Solcher Selbstschutz der Seele ist völlig legitim und soll nicht diskreditiert werden. Aber von Zeit zu Zeit müssen wir den Kanaldeckel über dem entsprechenden Wissen anheben und darunterschauen, damit wir nicht abstumpfen, sondern erwachen und so unserer Verantwortung gegenüber den Opfern und unseren Kindern und Enkeln gerecht werden. Das Folgende bietet für die meisten Leser und Leserinnen vermutlich nichts Neues, es soll nur die Erinnerung auffrischen. Immerhin: In diesem Buch soll

ja das Bild unserer Welt als einer stürmischen und ge-
fährdeten nicht das einzige bleiben, das zählt. Doch an
ihm vorbei nur ein »positives« Bild zu zeichnen, um
unsere Gefühle zu schonen, wäre nicht wahrhaftig.

Gewaltkrisen

Am deutlichsten sichtbar sind die *militärischen Konflikte*, denn sie gehen einher mit massiven Menschen-
rechtsverletzungen, Bombardierungen ganzer Städte,
unzähligen Opfern an Menschen auf allen Seiten. Seit
1945 hat es über 260 bewaffnete Konflikte gegeben.
Oft sind es ethnisch oder religiös begründete Macht-
kämpfe innerhalb eines Landes oder Grenzkonflikte
zwischen zwei Nachbarländern. Doch immer wieder
verfolgen die internationalen Großmächte im Hintergrund agierend oder direkt intervenierend ihre eigenen geopolitischen Absichten (Militärstützpunkte,
Einflusszonen), die in der Regel durch *ökonomische
Interessen* motiviert sind (Rohstoffquellen, Handels-
wege, Absatzmärkte). Auch bei innerstaatlichen Konflikten geht es oft um die Kontrolle ökonomischer
Ressourcen, seien es Erdöl, Erdgas, Erze, seltene Er-
den oder gar Wasser. (Genaue Daten und Analysen bei
Andreas Zumach: »Globales Chaos«, 2015.)
    Einige Konflikte sind politisch so komplex und emo-
tional derart aufgeladen, dass sie trotz internationaler

Vermittlungsversuche unlösbar erscheinen. So etwa die schon über Jahrzehnte andauernde Spannung zwischen Israel und den Palästinensern, die schon mehrmals zu offener Kriegführung eskalierte. Auch die Ukraine-Krise ist durch internationale Einmischung extrem schwierig beizulegen. Jeder Versuch einer Vermittlung ist dort nahezu aussichtslos, wo die Konfliktparteien jeweils religiösen Fanatismus schüren und für sich ausnützen (so in den jahrelangen Kämpfen in Nordirland oder zurzeit in Syrien, im Irak und weiteren Staaten. Latent bleibt auch der Konflikt zwischen Indien und Pakistan gefährlich).

In den 1980er-Jahren stand die ganze Welt unter der unvorstellbaren Bedrohung eines atomar geführten Krieges. Weil dabei die Selbstzerstörung der kriegführenden Länder zu erwarten gewesen wäre, rückten die Militärs der Atommächte allmählich von der Planung mit schweren, sogar präventiven »Atomschlägen« ab. Allerdings findet weiterhin ein äußerst aufwendiges konventionelles Wettrüsten statt und eines mit »kleineren«, »intelligenteren«, gar »sauberen« Atomwaffen, was deren Einsatz wieder wahrscheinlicher macht. Es ist unfassbar, mit welchen schier unbegrenzten finanziellen Mitteln, die in anderen Bereichen dringend gebraucht würden, die Produktion und der Export von Rüstung vorangetrieben werden. Der entstandene Überschuss an Tötungskapazität (»Overkill« pro Kopf) ist mit keinerlei militärischer Analyse zu rechtfertigen und unkontrollierbar geworden.

Eine nicht einschätzbare Gefahr geht seit 2001 vom internationalen *Terrorismus* aus. Denn religiös aufgehetzte kleine Gruppen oder Einzeltäter können jederzeit und überall Angst und Schrecken verbreiten. Erst recht gefährlich werden terroristische Milizen, wenn sie – wie im Fall des sogenannten »Islamischen Staates« – ganze Staatsgebiete unter ihre Kontrolle bekommen wollen und dabei besonders fanatisch und brutal vorgehen.

Neben diesen kriegerischen Gewaltakten gibt es auch in vielen eigentlich zivilisierten Gesellschaften (wie etwa der deutschen) immer wieder Amoktäter, gewaltsame Anschläge mit rassistischen Motiven und Gewalt gegen Frauen und Kinder. Nach Beobachtung der Fachleute scheinen diese Gewaltakte zuzunehmen. In welchem Maß dies auf die exzessive Darstellung von Gewalt in Filmen, Fernsehprogrammen, Internet und Computerspielen zurückzuführen sei, ist umstritten. Weil Bilder und Berichte von Gewaltakten aus aller Welt, versehen mit genauesten Details, oft tagelang in unseren Medien präsent sind, prägen sie jedenfalls unser Bild von »der Welt« übermäßig und verändern in Wechselwirkung auch selbst die Realität.

Die Hungerkrise

Darüber treten andere Katastrophen in den Hintergrund, werden gar »unsichtbar« und geraten in Vergessenheit, obwohl sie insgesamt wesentlich höhere Opferzahlen fordern als die medienwirksamen Gewaltexzesse. Die größte Katastrophe in unserer Welt ist die am wenigsten sichtbare. Nur in seltenen Aufgipfelungen kommt sie an die Oberfläche der öffentlichen Wahrnehmung: die globale Hungerkatastrophe. Sie vollzieht sich lautlos, täglich und seit Jahrzehnten und wird noch für weitere Jahrzehnte anhalten. Jean Ziegler, der jahrelang Sonderbeauftragter der Vereinten Nationen für das Recht auf Nahrung war, beziffert die Anzahl der Menschen, die täglich an Hunger sterben, auf 37 000. Das sind im Jahr etwa 15 Millionen, fast doppelt so viele wie in jedem Jahr des Zweiten Weltkriegs! Vom Hungertod betroffen sind 6,5 Millionen Kinder unter fünf Jahren – das heißt, alle fünf Sekunden verhungert ein Kind irgendwo auf unserer Welt. Hinzu kommen die jährlich schätzungsweise 800 Millionen Menschen (FAO 2015), die ständig Hunger leiden und durch diese chronische Unterernährung schwere Gesundheitsschäden davontragen – wiederum besonders Kinder. Der Hunger ist am größten im südlichen Asien und in Afrika südlich der Sahara.

Das Schlimmste an diesen Zahlen ist der Umstand, dass alle diese Opfer nicht sein müssten. Experten, die am jährlichen Welternährungsbericht der *Vereinten Nationen* mitgewirkt haben, stellten fest, dass die Erde problemlos 12 Milliarden Menschen ernähren könnte, also weit mehr als die heutigen 7 Milliarden. Der Skandal ist die ungerechte Verteilung der Nahrungsmittelproduktion und des Nahrungsmittelverbrauchs. Die Gründe sind vielfältig. Das oft beschworene Bevölkerungswachstum ist nur in einigen afrikanischen Ländern noch ein Faktor oder in ländlichen Regionen Südasiens. Die Hauptfaktoren sind politische und wären änderbar: so die Produktions- und Exportsubventionen an die industrielle Landwirtschaft in den überentwickelten Ländern (deutsche Hähnchen auf afrikanischen Märkten!); die Spekulation mit Nahrungsmitteln an Spezialbörsen; die staatliche Unterstützung der europäischen und US-amerikanischen Agrarwirtschaft beim Raubbau in Armutsländern, wo riesige Flächen Urwald oder fruchtbares Ackerland aufgekauft (»Landgrabbing«) und umfunktioniert werden für den Anbau von Mais und Soja als Futter für die Massentiermast in Europa und USA (ein Drittel der Weltgetreideproduktion!) sowie für die Produktion von Speiseöl und Bio-Kraftstoffen. Unser unersättlicher Bedarf an Treibstoffen, unser unmäßiger Konsum von Fleisch- und Wurstwaren sowie das tonnenweise Wegwerfen genießbarer Lebensmittel sind also weitere Faktoren bei der Verursachung von Hunger in unserer Welt. Auf die Rolle dessen, was im Buddhismus »Gier« genannt wird – sowohl individuell wie kollektiv –, werden wir später zurückkommen.

Aber hier muss auch der Begriff der *strukturellen Gewalt* genannt werden. Er meint Gewalt (und ihre Opfer), die durch privaten Großgrundbesitz, ausländisches Investitionskapital oder politisch abgesicherte Handelsvorteile ausgeübt wird. All das sind alte und neue Erscheinungsformen des Kapitalismus. Dieser keineswegs überholte Begriff steht für eine Wirtschaftsweise, bei der es um die Vermehrung von Kapital geht statt um die Erzeugung von Wohlstand für alle Beteiligten. »Diese Wirtschaft tötet!«, formulierte Papst Franziskus in einem hochoffiziellen Lehrschreiben im Jahr 2015.

Die Reichtum-Armut-Krise

Ein relativ abstraktes Bild von Ungerechtigkeit ergeben die Zahlen über die globale Verteilung von Einkommen und Vermögen. Die Superreichen, das sind 0,6 Prozent der Weltbevölkerung, besitzen fast 40 Prozent der weltweiten privaten Vermögen. 30 Prozent der Weltbevölkerung verfügen über Vermögen von

20 000 bis 200 000 US-Dollar, während 50 Prozent der Menschen nur etwa 2000 Dollar Vermögen und 20 Prozent keinerlei Vermögen besitzen. Diese extreme Ungleichheit der Verteilung hat in den letzten Jahrzehnten zugenommen und wird weiter anwachsen, weil auch die Prokopfeinkommen der Menschen in allen Gesellschaften sich extrem auseinanderentwickeln. Wenigen Superreichen steht eine immer größere Zahl von Armen gegenüber, das heißt Menschen, die am Existenzminimum leben. Betrachtet man nur die deutsche Gesellschaft, sind die Proportionen nicht besser: Während die Hälfte unserer Bevölkerung fast keinen Anteil an der Summe der Nettovermögen hat, verfügt das reichste Zehntel über 60 Prozent davon (Zahlen von 2012 nach Simon 2014: 96-102, der nur offizielle Quellen benutzt).

Ein ähnliches Bild ergeben die *internationalen Finanzströme*, wobei einige Gründe für die globale Verarmung erkennbar werden. Im Jahr 2012 sind von den reichen Ländern »im Norden« rund 1000 Milliarden Dollar »in den Süden«, das heißt in die Entwicklungsländer, geflossen. Im gleichen Zeitraum ging der doppelte Betrag, rund 2000 Milliarden Dollar, in Form von Kreditzinsen und -rückzahlungen und als Gewinnübertragungen der Konzerne vom Süden in den Norden (nach einer offiziellen internationalen Studie von 2015, siehe »tageszeitung« vom 17. Juli 2015). Diese

»umgekehrte Entwicklungshilfe« zeigt, dass die koloniale Ausbeutung des 19. Jahrhunderts im 20. und 21. Jahrhundert neokolonial mit anderen Mitteln fortgeführt wird.

Geradezu beängstigend ist die heute weltweite *Verflechtung der Finanzmärkte*, die in sich und global durch die Verschuldung der meisten Staaten und durch die wuchernde Spekulation immer instabiler werden, sodass aus nationalen oder europäischen Finanz- und Wirtschaftskrisen sehr schnell globale Katastrophen werden können, die dann wieder zuerst die ärmsten Länder treffen.

Ökologische Krisen

Wie die Hungerkatastrophe sind auch die *Klimakatastrophen* in Form von Dürren, Fluten und Wirbelstürmen schwer als von uns Menschen verursachte zu erkennen. Denn es hat solche extremen Wetterereignisse auf unserem Planeten natürlich immer schon gegeben. Aber Klimaforscher – wie übrigens auch die Sachversicherer – haben festgestellt, dass solche Naturkatastrophen seit Jahrzehnten an Zahl und Heftigkeit zunehmen, etwa in dem Maße, wie die Erderwärmung messbar zunimmt. Vergleiche mit Daten aus sehr tiefen Eisbohrungen haben ergeben, dass diese Erwärmung der Atmosphäre und der

Ozeane innerhalb relativ gesehen sehr kurzer Zeit einmalig in der Erdgeschichte ist. Sie wird offensichtlich von uns Menschen verursacht. Unser Verbrauch an fossilen Brennstoffen (Kohle, Erdöl, Erdgas) und damit der Ausstoß von Kohlendioxid sowie die Freisetzung von Methangas und Lachgas aus der Massentierhaltung und durch das Auftauen der Permafrostböden haben die Zusammensetzung der Erdatmosphäre so verändert, dass die Wärmeeinstrahlung der Sonne immer weniger zurück ins All reflektiert wird. Gleichzeitig schmelzen riesige Flächen Polareis ab, die bisher ebenfalls Wärme zurückstrahlten. Wird dadurch das Meerwasser allmählich erwärmt, vermindert sich seine Fähigkeit, Kohlendioxid zu absorbieren. So entsteht ein Aufschaukeleffekt, von dem manche Fachleute befürchten, dass er schon nicht mehr zu stoppen sei, zumal seine Auswirkungen nur mit zeitlicher Verzögerung zu erkennen sind. Das Abtauen der Polkappen und vieler Gletscher führt außerdem zu einem Ansteigen des Meeresspiegels, was zahlreiche Inseln und Küstenstädte existenziell bedroht.

Das *Artensterben* hat dramatische Ausmaße angenommen. Schätzungen sind sehr schwierig, da ja längst nicht alle heute existierenden Arten erfasst sind. Deshalb sprechen Studien von bis zu 130 aussterbenden Arten pro Tag, einer Rate, die bis zum

Zehnfachen über dem natürlichen Wert liegt. Seit 1970 hat sich die Artenanzahl der Säugetiere, Vögel, Reptilien und Fische halbiert. Ganz akut vom baldigen Aussterben bedroht sind Nashörner, Elefanten, Löwen, Walrösser, viele Arten der Menschenaffen. Die Ursachen dieser Ausrottung unserer Mitgeschöpfe sind die Art unserer Bodennutzung, das Abholzen der Wälder, unser massiver Einsatz von Chemikalien sowie die Klimaveränderung aufgrund der Erderwärmung. (Wikipedia 2016). Leider wird der Schutz der Artenvielfalt (der Biodiversität) noch überwiegend mit dem drohenden Schaden für uns Menschen begründet und nicht mit der Ehrfurcht vor allem Leben.

Das Ausmaß der globalen Krisen wird sichtbar in den zunehmenden Strömen von *Flüchtlingen*. Sie fliehen aus politischer Verfolgung in Diktaturen, aus Kriegsgebieten und Hungerzonen und als »Klimaflüchtlinge« aus Gebieten mit anhaltender Dürre (in Afrika) und überschwemmten Meeruferregionen (beispielsweise in Bangladesch). Die allermeisten Menschen flüchten innerhalb ihres Heimatlandes oder in Nachbarländer, und nur ein relativ kleiner Teil wagt die weite und höchst gefährliche Reise nach Europa.

Bedenkt man, dass etliche dieser Katastrophen kausal untereinander vernetzt sind und sich insofern gegenseitig verstärken, entsteht in der Tat das Bild einer gefährlich chaotischen, einer »stürmischen« Welt. Die Frage unserer Verstrickung darin wird uns später noch beschäftigen müssen.

WAS WIR NOCH KÖNNEN

Was ist, was sein wird, womöglich sein wird, und dass wir solche Dinge wahrnehmen und beklagen, Grausamkeiten wahrnehmen und beklagen, Ungerechtigkeiten noch wahrnehmen und beklagen, während es doch denkbar wäre, eine Zeit denkbar wäre, in der wir umherkriechen empfindungslos, in der uns nichts mehr angeht, unter die Haut geht, neben uns schreit ein Sterbender und wir wenden den Kopf nicht, neben uns wird ein Kind gegen eine Wand geschleudert und wir erschrecken nicht. Demgegenüber scheint auf jeder noch so bescheidenen Anteilnahme, jedem noch so billigen Erbarmen der Schimmer eines goldenen Zeitalters zu liegen. Wir können noch sehen, wir können noch hören, wir können noch leiden, noch lieben.
MARIE LUISE KASCHNITZ

2. Mystische Wahrnehmung der Welt

> Der erste und wichtigste Frieden ist derjenige,
> der in der Seele der Menschen einkehrt,
> wenn sie ihre Beziehung, ihr Einssein mit dem
> Universum und all seinen Mächten erkennen
> und ihnen klar wird, dass im Mittelpunkt des
> Universums der Große Geist wohnt.
> Diese Mitte ist in Wirklichkeit überall, sie ist in
> jedem von uns.
> **Häuptling Black Elk**

Eine radikal andere Wahrnehmung der Welt in einer großen mystischen Erfahrung, auch Erleuchtung genannt, wird selten aufgeschrieben. Ja, spirituelle Lehrer und Lehrerinnen warnen sogar davor, sie in Worte zu fassen. Denn solche Erfahrungen sind eigentlich nicht in Sprache darzustellen, sie könnten zerredet werden. Außerdem sollen ihre Beschreibungen nicht in anderen spirituell Suchenden falsche, weil spezifische Erwartungen wecken. Aber soweit mystische Erlebnisse berichtet wurden, sind sie bei aller auch religiös bedingten Verschiedenheit in einem gleich: Der oder die Erfahrende erlebt sich selbst als eins mit allem, nicht mehr getrennt als Individuum von »den anderen«, von »der Natur«, und auch die scheinbar selbstständigen Gegenstände im Umfeld sind Teile des einen Ganzen. So beschreibt beispielsweise auch der zeitgenössische atheistische Philosoph André Comte-Sponville eine Erfahrung, die er selbst eine mystische nennt (Comte-Sponville 2008: 183 ff.). Diese Allverbundenheit prägt fortan die Wahrnehmung der Welt bei jenen, die sie einmal oder wiederholt so erlebt haben.

Allverbundenheit – wissenschaftlich gesehen

Rational kann man sie nachvollziehen, wenn man sich bewusst macht, wie schon der lebenswichtige Atem uns in jedem Moment mit dem Atem aller anderen Lebewesen verbindet, insbesondere mit dem der Grünpflanzen, die uns den Sauerstoff zu- und unser ausgeatmetes Kohlendioxid einatmen. Und diese Atemluft ist seit Jahrmillionen immer dieselbe, verbindet uns also sowohl mit all unseren Vorfahren wie mit allen, die nach uns noch leben werden. Und so auch verbinden uns alle Lebens-Mittel mit der vorausgegangenen Arbeit unzähliger Menschen und vor allem mit den Elementen Erde, Wasser, Luft und Sonnenlicht.

Solche Wahrnehmung ähnelt den in unserer Zeit erlangten Erkenntnissen der Klimaforschung, die glo-

bale Zusammenhänge und Wechselwirkungen ent-
deckte (wie im 1. Kapitel skizziert). Die Ökologie (im
engeren Sinne als Disziplin der Biologie) erforscht,
wie ein Lebewesen oder alle Lebewesen untereinander und mit ihrer Umgebung verbunden sind. Die Be-
hauptung, in der Natur gehe es nur um »Fressen und
Gefressenwerden«, um den Kampf aller gegen alle
und um den Sieg des Stärkeren, ist eine auffällige Projektion unseres Gesellschaftsbildes in die nicht-
menschliche Natur. Denn dort gibt es in faszinieren-
dem Maße Kooperation und Symbiose. Und Raubtiere
töten immer nur so viele Beutetiere, wie sie für ihr
eigenes Überleben und das ihrer Jungen brauchen.
Bei Konkurrenzkämpfen wird der Unterlegene in der
Regel eben nicht getötet, sondern nur verjagt. Auf
jeden Fall gibt es kein massenhaftes Töten von Fein-
den, gar Artgenossen!

Auch in unserer Menschenwelt gibt es ganz gewiss
nicht nur Mord und Totschlag und Krieg. Im Gegenteil!
Ich bin davon überzeugt, dass Milliarden Menschen
tagtäglich liebend auf ihre Kinder eingehen, einander
tolerieren und vergeben und geduldig in Konflikten
anderer vermitteln. Freilich ist all das keine Nachricht
wert! Und so entsteht das sehr einseitige Bild unserer
Welt, das wir im 1. Kapitel skizziert haben.

Systemische Wissenschaften

Es gibt weitere Beispiele für ein anderes, neues Weltbild in den Naturwissenschaften, das in auffallender Weise einer mystischen Wahrnehmung entspricht. So ist etwa für die *Atomphysik* ein Atom keineswegs ein unteilbares Teilchen, sondern eher ein Energiebündel, in dem Wellen- und Teilcheneigenschaften in unvorstellbarer Weise miteinander verbunden sind. Die starken und schwachen Kräfte im Atom wie auch die Gravitation sind offenbar Teilaspekte eines unbegrenzten universalen Energiefeldes.

Typisch für das neue, systemische Denken in mehr und mehr Wissenschaftsbereichen (etwa auch in der Soziologie oder der Psychologie) ist der Satz: »Das Ganze ist mehr als die Summe seiner Teile.« Im bisherigen quantitativen Denken ist dieser Satz falsch, denn dort hieße es: Wenn das Ganze als mehr erscheint als die Summe seiner Teile, dann fehlt uns noch ein Teil. Aber im systemischen, ganzheitlichen Denken sind gerade die Beziehungen zwischen den Teilen besonders wichtig, auch wenn man sie nicht wiegen, messen, zählen kann. Ja, die Teile sind ohne ihre Beziehungen untereinander nicht wirklich zu verstehen.

Moderne westliche Medizin wird sich allmählich dessen bewusst – was in anderen Kulturen schon immer gesehen wurde –, dass unser Körper nicht nur eine Ansammlung von einzelnen Organen ist, sondern in staunenerregender Weise aus einem System von psychosomatischen Wechselbeziehungen besteht, die eigentlich nur ganzheitlich zu behandeln sind. Insbesondere die Hirnforschung entdeckt immer komplexere Vernetzungen im Gehirn sowie zwischen dem Gehirn und dem übrigen Körper.

Die *Astrophysik* hat erkannt, wie die Planeten, Sonnen und Galaxien alle durch Gravitation, eine der vier physikalischen Grundkräfte, miteinander verbunden sind. Sie ziehen sich gegenseitig an, seit im sogenannten Urknall nicht nur eine unermessliche, noch andauernde Expansion begann, sondern alsbald auch eine Anziehungskraft einsetzte, die aus diffusen Gasen Atome, Moleküle und Festkörper sich bilden ließ. In unserem Alltag wirkt sie sich so aus, dass ein Körper senkrecht zu Boden fällt, das heißt in Richtung Erdmittelpunkt, wenn er nicht daran gehindert wird. Auch Vögel fallen wie Steine zu Boden, wenn sie die Flügel anlegen oder von Jägern getroffen werden. Flut und Ebbe entstehen durch die Anziehungskraft des Mondes auf die Wassermassen der Ozeane. Und es ist diese »Schwerkraft«, die uns je nach Masse Gewicht gibt und so daran hindert, ins Weltall davonzufliegen. Sie wirkt auf ausnahmslos alle losen Teile der Erde in gleicher Weise. Welch ein Zusammenhalt! Diese physikalische Gesetzmäßigkeit wurde im arabischen Raum schon früh erkannt, dann von Newton systematisch erfasst und schließlich durch die Allgemeine und die Spezielle Relativitätstheorie von Einstein bis ins Letzte erhärtet.

Die Gaia-Hypothese

Dies gilt noch nicht für eine naturwissenschaftliche Hypothese, die ich gleichwohl referieren will, da sie der mystischen Wahrnehmung unserer Welt verblüffend ähnelt. Die sogenannte *Gaia-Hypothese*, benannt nach dem griechischen Namen für die Göttin Erde, wurde entwickelt von dem englischen Klimaforscher James Lovelock und der US-amerikanischen Mikrobiologin Lynn Margulis. Sie besagt, dass die Ganzheit der globalen Biosphäre ein einziger organischer Zusammenhang sei. Er reguliert und erhält sich selbst und erfüllt 18 der 19 Kennzeichen, die man als Kriterien lebender Systeme im Unterschied zu noch so komplexen kybernetischen Maschinen bestimmte.

An drei Beispielen soll das verdeutlicht werden. Während des größten Teils der Erdgeschichte hat sich die mittlere Oberflächentemperatur des Planeten im Bereich zwischen 15 und 35 Grad Celsius, dem für Leben optimalen Bereich, gehalten, obwohl die Sonneneinstrahlung in dieser Zeit um 25 bis 30 Prozent zunahm. Entweder hätte die Erde in ihren ersten zwei Milliarden Jahren eisbedeckt sein müssen, oder sie müsste heute unerträglich heiß sein. Stattdessen gab es durch unterschiedliche Anteile von anfangs Ammoniak und später Kohlendioxid in der Atmosphäre eine Temperaturregelung, die an das Schwitzen und Frieren zur Aufrechterhaltung einer konstanten Körpertemperatur bei Säugetieren erinnert.

Ein weiteres Phänomen der Selbstregulierung des Systems Gaia ist der seit Milliarden Jahren gleiche Salzgehalt der Meere. Die »Süßwasser«-Flüsse tragen ständig große Salzmengen aus den Gebirgen in die Meere, wo sie zurückbleiben, wenn das Wasser verdunstet. So hätte der Salzgehalt des Meerwassers immer weiter zunehmen müssen. Stattdessen pendelte er sich bei drei bis vier Prozent ein. Wäre er jemals über sechs Prozent angestiegen, hätten sich keine lebenden Zellen in diesem Wasser halten können. Es gibt Vermutungen, aber noch keine bewiesenen Erklärungen, wie diese Regulierung zustande kam.

Das dritte, ähnliche Beispiel betrifft den Sauerstoffgehalt der Erdatmosphäre. Zu Beginn der Erdgeschichte gab es noch gar keinen Sauerstoff in der Erdhülle. Erst durch die Fotosynthese der frühen Einzeller entstand Sauerstoff, wurde an der Erdoberfläche aber sogleich zur Oxidation verbraucht. Erst als nach etwa 2 Milliarden Jahren alles luftberührende Material oxidiert war, konnte sich Sauerstoff in der Atmosphäre ansammeln. Zugleich entwickelte ein Teil der Lebewesen die Sauerstoffatmung, was ihren Energieumsatz wesentlich verbesserte und die Entwicklung komplexerer Lebewesen erst ermöglichte. Während alle Tiere Sauerstoffverbraucher wurden, blieben die Grünpflanzen bei der Sauerstoffproduktion. Diese Wechselbeziehung scheint dafür verantwortlich zu sein, dass sich der Sauerstoffgehalt der Erdatmosphäre nach weiteren 1,5 Milliarden Jahren bei 21 Prozent einpendelte, dem genau optimalen Niveau für Leben auf der Erde. Bei nur wenigen Prozent geringerem Anteil könnten größere Tiere, Fluginsekten und Vögel nicht genug Energie aufnehmen, während ab 25 Prozent Sauerstoffgehalt der Luft selbst feuchte Urwälder nach einem Blitzschlag abbrennen würden.

Der anstehende Paradigmenwechsel

Die Erde als ein lebendes Gesamtsystem zu verstehen fällt uns schwer, wohl genauso schwer, wie es unseren Vorfahren fiel, sich die Erde mit einem Mal – gegen den Augenschein – nicht mehr als Scheibe, sondern als Kugel vorzustellen. Das war ja, lange bevor Astronauten uns entsprechende Fotos von unserem Heimatplaneten mitbrachten. Der heutige Paradigmenwechsel (Umbruch im Denkmuster) in der Weltwahrnehmung enthält die Schwierigkeit, dass wir Menschen zum ersten Mal in unserer Geistesgeschichte nicht mehr nur dem beobachteten Objekt gegenüberstehen, sondern uns als Bestandteil des Betrachteten, nur als Zelle in einem Gesamtorganismus verstehen sollten. So könnte die jahrtausendealte, typisch »duale« Subjekt-Objekt-Spaltung überwunden werden.

Eine »Entwicklungshilfe« bei solchem Bewusstseinswandel wird uns zuteil, wenn wir einmal ganz andächtig die *Schönheit* eines Schneekristalls, eines Gänseblümchens, eines Schmetterlings, die Standfestigkeit eines Mammutbaums, die Eleganz einer Antilope oder die Selbstorganisation eines Ameisenvolkes betrachten. Wie faszinierend sind die plötzlichen kollektiven Manöver eines Vogel- oder Fischschwarms! Und dem ergreifenden Schauspiel eines Sonnenaufgangs oder -untergangs oder eines vollständigen Regenbogens kann sich wohl kaum ein Mensch entziehen. Zahllos sind die Beispiele von Farb- und Formenvielfalt bei allen Lebewesen einschließlich uns Menschen – die keineswegs alle mit Darwins Theorie eines jeweiligen Überlebensvorteils zu erklären sind. Schönheit ist ohne Zweck! »Die Rose ist ohne Warum./ Sie blühet, weil sie blühet./ Sie achtet nicht ihrer selbst,/ fragt nicht, ob man sie siehet.« So dichtete Angelus Silesius über das »sunder warumbe«, das »Ohne Warum« des Mystikers Meister Eckhart.

Einem mystisch Erfahrenen braucht man all dies nicht zu erzählen, er würde nur wissend lächeln. Aber seine mystische Weltsicht ist prinzipiell subjektiv, also nicht überprüfbar. Natürlich kann und soll mit den Ähnlichkeiten moderner naturwissenschaftlicher Welterkenntnisse nicht die Wahrheit mystischer Weltwahrnehmung »bewiesen« werden. Ist es aber nicht eine Hilfe für moderne Menschen, die eine mystische Spiritualität verstehen wollen, wenn die objektiven, überprüfbaren Ergebnisse der Naturwissenschaften unserer Zeit zu sehr ähnlichen Weltbildern kommen? Übrigens betonen heutige Wissenschaftler, dass auch sie nicht sagen können, wie die Wirklichkeit wirklich ist, dass sie nur Modelle der Realität anbieten können, die mehr oder minder stimmig sind. Trotz aller Differenz im Erkenntnisweg ist hier offenbar eine fruchtbare Möglichkeit des Dialogs gegeben. Dieser wird seit einiger Zeit von prominenten Vertretern beider Erfahrungsweisen unter anderem auf großen Konferenzen auch schon praktiziert.

Diese Wahrnehmungen – ob naturwissenschaftlich oder spirituell – führen uns wieder in jenes große Staunen über die Schönheit und Vollkommenheit allen Seins, das frühere Kulturen noch kannten. Uns aber ging es verloren seit der Aufklärung, die meinte, alles rational erklären zu können. Dieses Staunen erregt in uns eine tiefe Dankbarkeit und eine grenzenlose Freude. Feiern, das Leben feiern möchte man, wenn man zu diesen Erfahrungen erwacht!

Was fangen wir nun mit all den furchtbaren Erkenntnissen über unsere Welt an, die im 1. Kapitel beschrieben wurden? Soll das wieder in Verdrängung und Vergessen verschwinden oder mit dem Schleier einer falsch verstandenen Spiritualität zugedeckt werden?

Zu dem Schmerz um die Welt und seiner Verdrängung hat die US-Amerikanerin Joanna Macy, die die die *Tiefenökologie* mit begründet hat, sehr Wichtiges geschrieben und Menschen in Seminarübungen erleben lassen:

»Welcher Schmerz ist das, den wir in dieser Erden-Zeit fühlen – und so verzweifelt nicht fühlen wollen? (…) Es ist der Schmerz um die Welt. (…) Er ist nicht abzulösen von den Strömen von Materie, Energie und Information, die durch uns fließen und uns als miteinander verkoppelte offene Systeme am Leben halten. Wir sind nicht abgeschnitten von der Welt, wir sind integrale Bestandteile von ihr, wir sind Zellen in einem größeren Körper. Wenn dieser Körper verletzt wird, dann spüren auch wir das Trauma. Wenn er hinfällig und krank wird, dann spüren wir seine Schmerzen, egal, ob wir dem unsere Aufmerksamkeit schenken oder nicht. (…) In unserer bedrohten Welt ist solcher Schmerz der Preis des Bewusst-Seins. (…) Wie in allen Organismen hat auch hier der Schmerz eine Funktion: Er ist ein Warnsignal; er ist darauf ausgerichtet, Heilung bringendes Handeln auszulösen« (Macy/Brown 2003: 36 f.).

Erfahrung in Auschwitz

Was die beiden Weltsichten miteinander zu tun haben könnten, will ich auch anhand einer eigenen extremen Erfahrung verdeutlichen. Mein früherer Meditationslehrer fragte uns Schüler im Oktober 2000, wer mit ihm fahren wolle, um *in Auschwitz zu meditieren*. Ich meldete mich sofort an, obwohl mir dabei sehr bange wurde. Würde ich dort überhaupt noch meditieren können? Wenn aber nicht, welchen Sinn hätte dann das Meditieren? In einem kleinen Einkehrhaus in der Nachbarschaft des Hauptlagers von Auschwitz konnten wir während der Tage dort ein einfaches Meditationsseminar halten. An den ersten zwei Tagen wurden wir von einer einfühlsamen Führerin durch die Gedenkstätte des Hauptlagers und durch das Gelände des Vernichtungslagers Birkenau mit den Gaskammern und Verbrennungsöfen geführt. Wir waren natürlich alle zutiefst erschüttert, fuhren aber fort mit der abendlichen Meditation!

Ich zitiere mein Tagebuch von damals:

»Mein Meditieren in Auschwitz verdichtete sich am letzten Tag zu einer außergewöhnlichen Erfahrung. Ich konnte immer leichter in gedankenlose Stille gehen und darin verweilen. ›Nichts mehr denken müssen, nichts mehr unterscheiden, nichts mehr begreifen und einordnen müssen!‹, ging mir erleichternd durch den Sinn. Auf einmal tauchten – wie aus der Tiefe meines Bewusstseins – fünf Worte auf: ›Auschwitz – Hiroshima – Tschernobyl – alles inklusive‹. Ich hatte in den Stunden vorher nicht speziell an Auschwitz und schon gar nicht an Hiroshima oder Tschernobyl gedacht, und ›alles inklusive‹ war nicht mein aktiver Wortschatz. Aber ich begriff sofort, dass sich in dieser kurzen Sentenz eine tiefe, große und radikale Wahrheit ausdrückte, die sich auch nachträglich nicht in logische Worte fassen lässt. Das Wort ›Erleuchtung‹ erschien kurz in meinem Bewusstsein, nur um sogleich als irrelevant und störend zu verschwinden. Später wurde mir klar, dass mein größter Wunsch für diese Reise überwältigend stark in Erfüllung gegangen war, mein Wunsch auch für alle kommenden Krisen unserer Welt: Ich konnte mitten im Grauen das, was ist, aushalten (…) und nichtunterscheidend annehmen als das, was ist, unabhängig von Begreifen, Werten und Verstehen!«

Das ist nur ein Ansatz, zudem einer, der leicht missverstanden werden kann, als ob Auschwitz gleichgültig hingenommen werden solle. Aber ich hoffe, dass die folgenden Kapitel diesen Gedanken weiter ausbauen und deutlicher werden lassen, was ich damit meinte.

3. Mystische Wahrnehmung des Ich

Meer ohn' Grund und Ende,
Wunder aller Wunder:
Ich senk mich in dich hinunter.
Ich in dir, du in mir,
lass mich ganz verschwinden,
Dich nur seh'n und finden.
GERHARD TERSTEEGEN, »GOTT IST GEGENWÄRTIG ...« (1729)

Wir haben bisher vor allem »die Welt« als Ganzes betrachtet und dabei die übliche Wahrnehmung mit der
einer mystischen Spiritualität konfrontiert. In den folgenden Kapiteln soll es vor allem um den Einzelnen
gehen und darum, wie er oder sie mystische Spiritualität leben kann.

Allerdings bekommt man auf dem Weg der mystischen Spiritualität immer wieder zu hören: »Dein Ich
muss aufgelöst werden«, ja: »Dein Ich muss sterben!«,
vielleicht auch: »Dein Ich gibt es gar nicht, es ist eine
Illusion.« Das wirft bald einige Fragen auf: »Wer soll
denn diesen Prozess betreiben? Das Ich kann sich

doch nicht selbst umbringen!« Oder: »Wer ist es denn, der dieses Geschehen beobachtet? Wer macht die aus der Illusion befreiende Erfahrung?« Und auch der Einwand liegt nahe, dass ich von meiner Kindheit an bis zu meinem Tod mich als einmalige und kontinuierliche Individualität erlebe. Ist das kein reales Ich?

Zweierlei Ich

Um diese Fragen zu klären, sprechen die meisten spirituellen Lehrer von *zweierlei Ich*. Aber leider gibt es dafür keinen einheitlichen Sprachgebrauch. Ich habe für mich die meiste Klarheit darin gefunden, dass ich das »kleine Ich«, das an der Illusion seiner selbst haftet, dieses oft lästige Ich, EGO nenne. Das andere, das »große Ich« bezeichne ich mit SELBST. Andere Autoren sprechen es auch als »das wahre Selbst«, als »höheres Selbst« oder »das tiefe Selbst« an.

Dabei hilft mir – und anderen, denen ich es erklären will – das sehr alte Bild von der Welle im Ozean. Trotz der Abermillionen Wellen auf einem Ozean ist doch jede Welle nach Länge, Breite, Höhe, Geschwindigkeit und Lebensdauer absolut einmalig, eben individuell. Und zugleich ist jede Welle unabtrennbar mit allen anderen Wellen und mit dem Ozean als Ganzem verbunden; ja, sie besteht nur aus Ozean. Wenn wir nun für den Vergleich annehmen, eine Welle habe ein Bewusstsein, dann zeigt sich der Unterschied zwischen Ego und Selbst im Selbstverständnis einer solchen Welle. Ein moderner, im europäischen Kulturraum aufgewachsener Mensch gleicht einer Welle, die ihr Bewusstsein nur auf ihre Spitze richtet, dorthin, wo sie Spritzer und Schaum hervorbringt und sich als einmalig erlebt – im Vergleich, sogar in Konkurrenz mit den anderen Wellen und im Gegenüber zum Ozean. Wenn nun bei diesem Menschen durch die mystische Spiritualität das Bewusstsein in die Tiefe erweitert wird, wird er oder sie sich der Verbundenheit mit allen anderen Wellen und mit dem Ozean bewusst. Dann darf er oder sie sich immer noch als einmalige Individualität verstehen, aber nicht mehr als abgekapseltes Ego, sondern in seinem wahren Selbst, verbunden mit allem. Dann ist die Illusion des Egos, das sich als isoliert und unabhängig verstand, durchbrochen und der Wahrnehmung des ganzen Ozeans und aller Wellen, also der Wirklichkeit, gewichen. Diese Bewusstseinserweiterung kann durch eine »große Erleuchtung« oder durch ein allmähliches Erwachen geschehen. So oder so kann das Ego noch in Resten bestehen bleiben, aber es ist seiner absoluten Dominanz beraubt. Das frühere Ego wurde aufgelöst – oder ist sogar verstorben.

Das Ego

Bei dieser Unterscheidung von Ego und Selbst handelt es sich nicht bloß um spirituelle Spekulation, sondern um eine höchst alltagstaugliche Erkenntnishilfe. Das kann man nach meinem Eindruck am klarsten in den Büchern von Eckhart Tolle (beispielsweise Tolle 2005) erkennen. Er ordnet dem Ego all jene Eigenschaften und Reaktionen zu, die uns alltäglich beschäftigen, treiben und plagen. Denn:

➤ das Ego ärgert sich über Situationen, andere Personen und sogar über sich selbst;
➤ es ist leicht gekränkt oder eifersüchtig;
➤ es will recht haben, kämpft um seinen Einfluss, grenzt sich ab;
➤ es braucht Beachtung, Anerkennung, Lob oder Trost, erwartet Gegenleistungen;
➤ es beurteilt ständig sich selbst und andere;
das Ego beobachtet distanziert die Welt um sich her, seine »Umwelt«, will sie begreifen und kontrollieren;
➤ es identifiziert sich mit seinen Kindern und Enkeln, mit seinem Beruf, mit Besitz;
➤ es hat Wünsche und Ansprüche, bewusste und unbewusste, und ist weitgehend abhängig von seinen Bedürfnissen und Trieben.

Dieses Verständnis von Ego geht also weit über den moralischen Begriff des »Egoismus« hinaus. Es meint das ganz normale abgekapselte Ich.

Den Bewusstseinszustand dieser in sich selbst gefangenen Individualität nenne ich Ego.

Das Selbst

Auch der Gegenbegriff, das *Selbst*, ist nicht bloß ein abstraktes, totes Konstrukt. Das Selbst ist immer schon da, nur ist es meist verdeckt vom aufgeblähten, lauten Ego. Aber es lebt:

➤ es hat Empfindungen wie Dankbarkeit, Schönheit, Glück, Freude;
➤ es kann bedingungslos und unbegrenzt lieben;
➤ das Selbst ist das achtsame, präsente, das solidarische, das empathische Ich;
➤ es ist der Beobachter in der Meditation, das nach Befreiung sich sehnende Ich, das Erleuchtungen erfährt.

Den Bewusstseinszustand der egofreien Individualität nenne ich Selbst.

Dieses so verstandene Selbst entspricht in mancher Hinsicht dem, was in vielen Religionen und Philosophien »Seele« genannt wird. Ob es durch den Tod hindurch erhalten bleibt für eine Auferstehung oder eine neue Inkarnation oder ob es sich für immer auflöst –

das muss wohl Geheimnis bleiben. Für mystische Spiritualität spielen diese Fragen keine besondere Rolle, denn in ihr geht es vor allem um das Hier und Jetzt im gegenwärtigen Leben.

Es ist dieses Selbst, welches das Ego wahrnehmen kann und sich so schon von ihm distanziert. Es kann das Ego mit Geduld, Humor und Liebe anschauen und sich so aus seiner Herrschaft lösen. Hierin liegt die Bedeutung der Ego-Auflösung für das alltägliche Leben: Sobald ich aus der Sicht des Selbst meine Ego-Regung (zum Beispiel Ärger, ein Urteil usw.) als solche erkenne, kann ich sie ohne moralische Anstrengung loslassen, sie schmilzt in der Sonne der gereiften Selbsterkenntnis. »Um sich vom Ego zu befreien, braucht man sich nur seiner bewusst zu werden« (Tolle 2005: 87). Eine »große Erleuchtung« ermöglicht diesen Aufbruch des Bewusstseins vom Ego zum Selbst, von der scheinbar isolierten Welle zum Ganzen des Ozeans, plötzlich und unumkehrbar. Aber diese Befreiung kann auch als allmählicher, stufenweiser Prozess des Erwachens erfahren werden.

Eckart Tolle macht darauf aufmerksam, dass es auch ein ›kollektives Ego‹ gibt. Das Ego trachtet danach, »sein Selbstgefühl zu vergrößern und zu stärken, indem es sich mit einer Gruppe identifiziert – mit einer Nation, politischen Partei, Firma, Institution, Sekte, Bande, Clique oder Fußballmannschaft«. »Ein kollektives Ego weist die gleichen Merkmale auf wie ein persönliches Ego, zum Bespiel das Bedürfnis nach Gegnern und Konflikten, das Bedürfnis nach mehr, das Bedürfnis, andere ins Unrecht zu setzen und selbst recht zu behalten usw. Früher oder später gerät das Kollektiv mit anderen Kollektiven in Konflikt, weil es (...) die Opposition braucht, um seine Grenzen und damit seine Identität zu definieren« (ebd., 135). Sehr viele der im 1. Kapitel benannten militärischen Konflikte haben diesen Hintergrund, entweder als eigentlichen oder als sekundären Grund, beispielsweise wenn es sich angeblich um einen religiösen Konflikt handelt.

Wenn in den folgenden Kapiteln nur von »Ich« die Rede sein wird, ist in erster Linie der übergeordnete Begriff »Individualität« gemeint, entweder in der Struktur des Egos oder als Selbst, was jeweils geklärt werden muss. Und es muss darauf hingewiesen werden, dass die Unterscheidung von Ego und Selbst – wie viele andere zentrale Unterscheidungen in diesem Buch – im Lichte einer großen mystischen Erfahrung sich auflöst. Bis dahin kann sie eine wertvolle Erkenntnishilfe sein.

4. Mystische Wahrnehmung von Leid in der Welt

Lass mich
ohne Scheu hinabsteigen
in meine dunklen Tiefen
bis hin zur Quelle meiner Seele,
jenem Ende und jenem Anfang,
wo kein Zeichen des Unterschieds bleibt.

KABIR

Das 1. Kapitel hat eine Fülle von Konflikten in unserer stürmischen Welt aufgezählt. Sie alle bringen – schon seit vielen Jahrhunderten – viel Leid: Verwundete, Verstümmelte, Vertriebene, Verhungerte, Tote. Das hat in manchen Religionen und in etlichen Philosophien zu dem Urteil geführt, dass diese Welt unabänderlich von Leid geprägt sei. Mir scheint aber wichtig, in unserem Alltagsbewusstsein zwischen *zwei Arten von Leid* zu unterscheiden. Es gibt Leid infolge schwerer Krankheit, frühem Tod oder Unglück in Katastrophen. Und es gibt Leid, das eindeutig von Menschen verursacht wird, durch Zufügung psychischer oder körperlicher Qualen, durch Mord, Krieg und alle Arten von Ausbeutung. Die zuerst genannten Formen des Leids können wir vielleicht reduzieren, aber nicht grundsätzlich aus der Welt schaffen. Sie fordern mystische Spiritualität dazu heraus, solches Leid anzunehmen.

Leid von Menschenhand

Die vom Menschen verursachten Formen des Leids stellen dagegen eine andere Herausforderung dar: Sie schreien geradezu danach, überwunden zu werden, und zwar gerade von uns Menschen, die wir sie – wenngleich nicht individuell, so doch kollektiv – immer wieder in die Welt bringen.

Nun gibt es dazu zwei entgegengesetzte Positionen. Die eine besteht darauf, dass der Mensch »von Natur aus« aggressiv, egoistisch und gierig sei; er könne gar nicht anders. Allenfalls könne er durch harte Erziehung, Gesetze, Gerichte und entsprechende Strafen gebändigt werden. Die andere Position glaubt und hofft, dass wir Menschen grundsätzlich bereit und in der Lage seien, das Gute zu tun, weil wir auf Gemeinschaft und deshalb Solidarität angelegt und angewiesen seien. Wenn Schreckliches getan wurde, unterscheiden Anhänger dieser zweiten Position zwischen der Tat und dem Täter: Die Tat wird verurteilt, und eine Strafe wird wegen des allgemeinen Gerechtigkeitsgefühls als notwendig erachtet, aber dem Täter soll nachdrücklich Heilung und Rückkehr in die Gemeinschaft ermöglicht werden.

Es gibt zwischen diesen beiden Überzeugungen von der Natur des Menschen alle Arten von Mischungen und Verbindungen, auch paradoxer Art. (Es würde zu weit führen aufzuweisen, wie das beispielsweise auch für die ganze Bibel gilt und insofern für die jüdische und christliche Tradition.) Auch finden wir in der Religions- und allgemeinen Geistesgeschichte eine Fülle von Vorstellungen, wie der Mensch von seiner Bosheit erlöst werden könne. Aber dieses Buch ist ausschließlich an der mystischen Wahrnehmung der Welt und »des Bösen« in ihr interessiert, fragt also speziell nach einer mystischen Antwort auf die Frage, wieso wir Menschen immer wieder Böses tun und ob das so sein muss.

»Das Böse«

Davon nicht zu trennen ist die Frage, *woher das Böse kommt.* Für mystische Spiritualität scheidet die Antwort aus, es gebe eine »Macht des Bösen«, womöglich einen personifizierten Gegenspieler zum Göttlichen. Denn Mystiker und Mystikerinnen haben erfahren und glauben, dass die Wirklichkeit eine einzige, unteilbare ist, die zudem von einem göttlichen Geist ganz und gar durchdrungen ist. Deshalb ist da kein

Platz für eine widergöttliche Macht, die darauf aus wäre, das wundervolle Reich der Liebe und Schönheit zu stören, gar zu zerstören. Hier wirkt sich die Nondualität der mystischen Wahrnehmung ganz direkt aus. Böse Handlungen und ihre Auswirkungen können nur als das Uneigentliche gesehen werden, als das, was keineswegs sein muss. Ein Mensch, der Schreckliches getan hat, wird nicht selbst als schrecklich und böse gesehen, nicht als einer, der dieses Schreckliche tun musste. Warum aber tat er es? Wieso konnte er es tun, obwohl er doch »von Natur aus« zum Guten ausgestattet sein sollte?

Für eine mystische Sichtweise finde ich Unterstützung bei dem großen Denker und Psychoanalytiker Erich Fromm. In seinem umfangreichen Werk zur »Anatomie der menschlichen Destruktivität«, das 1974 auf Deutsch erschien, setzt er sich ausführlich mit Konrad Lorenz auseinander. Der hatte 1963 weltweites Aufsehen erregt durch sein populärwissenschaftliches Buch »Das sogenannte Böse«. Er vertrat darin die These, dass Aggression gegen Artgenossen, die er bei verschiedenen Tierarten beobachtet hatte, ein biologisches Triebverhalten sei und insofern auch für den Menschen gelte. Erich Fromm kritisierte methodisch diese Übertragung von an Tieren beobachtetem Verhalten auf den Menschen. Aber wichtiger ist sein inhaltlicher Widerspruch zu Lorenz. Zwar räumt er ein, dass Aggression an sich nichts Böses sei – sie kann etwa zur Verteidigung von Leben notwendig sein –, wohl aber deren Erscheinungsform als »bösartige Aggression«, die er »Destruktivität« nennt. Es ist bemerkenswert, dass es diese bei Tieren nicht gibt – wie bereits im 2. Kapitel erwähnt.

Auch unter Menschen ist sie nicht selbstverständlich und allgegenwärtig. Fromm untersuchte detaillierte ethnologische Studien zu dreißig verschiedenen »primitiven Kulturen«, das heißt indianischen, afrikanischen, pazifischen und grönländischen Stämmen, die heute noch in abgelegenen Regionen in ursprünglicher Weise existieren. Er fand dabei drei sehr verschiedene Sozialformen. Acht dieser dreißig Stämme nennt er »lebensbejahende Gesellschaften«, da in ihnen zwischenmenschliche Gewalt eine äußerst geringe Rolle spielt. Den zweiten Gesellschaftstyp, dem Fromm vierzehn der Stämme zuordnet, bezeichnet er als »nichtdestruktiv-aggressiv«; sie kennen verschiedene Formen von Gewalt zwischen den Mitgliedern dieser Gemeinschaften, sind aber nicht von Destruktivität und Grausamkeit durchdrungen.

Nur bei sechs der dreißig erfassten Kulturen fand Fromm interpersonale Gewalttätigkeit, Zerstörungslust und Grausamkeit, Freude an Krieg und Verrat, weshalb er sie »destruktive Gesellschaften« nannte

(Fromm 1974: 191-193). Er folgert daraus, »dass die großen Unterschiede [zwischen diesen Sozialformen] nicht zu erklären wären, wenn wir es [bei Aggressivität] mit einer ›angeborenen‹ Leidenschaft zu tun hätten« (202).

Erich Fromm unterscheidet also zwischen einer »gutartigen Aggression«, das heißt einer defensiven, letztlich lebensdienlichen Aggressivität, und einer »bösartigen Aggression«, das heißt einer destruktiven, lebensfeindlichen Aggressivität. Letztere geht für Erich Fromm – und das ist eine weitere Hauptthese seines Buches – auf krankhafte Charakterdeformationen zurück, die klinisch-psychiatrisch diagnostizierbar sind. An den Biografien von Stalin, Himmler und Hitler belegt Fromm ausführlich, dass auch diese Extrembeispiele »des Bösen« nicht von Geburt an quasi in den Genen der betreffenden Personen angelegt waren. Vielmehr entstanden unter dem Einfluss verschiedener biografischer Faktoren und gesellschaftlicher Bedingungen die entsprechenden Deformationen (bei Hitler beispielsweise eine deutliche Nekrophilie, bei Himmler eine bestimmte Form des Sadismus). Dass die Betreffenden dann durch politische Gegebenheiten eine ungeheure Macht ansammeln und Charaktere an sich ziehen und aktivieren konnten, die genauso deformiert waren, muss eher politisch-soziologisch als psychiatrisch analysiert werden.

Wenn Destruktivität, also zerstörerische Aggressivität, aus einer psychiatrischen Erkrankung entsteht, müsste sie heilbar sein, vielleicht nicht immer, aber tendenziell. Und es wäre ungemein wichtig, ihre psychosozialen Ursachen präventiv zu erkennen und zu mindern. Dies ist eine qualitativ andere Sicht »des Bösen«. Ist sie verharmlosend? Sie berücksichtigt jedenfalls den mystischen Glauben, dass in jedem, wirklich jedem Menschen göttlicher Geist wohnt, auch wenn dieser in der Seele so verschüttet sein kann, dass er nicht zur Wirkung gelangt. Insofern kann mystische Spiritualität wohl von Schatten in der Seele eines Einzelnen sprechen, aber nicht von »dem Bösen«, das in uns eine duale Gegenmacht zum Guten beziehungsweise zum Göttlichen Geist darstellen soll.

Viele der Ursachen des von Menschen erzeugten Leids, die im 1. Kapitel angedeutet wurden – zum Beispiel die vielfältigen Formen von Ausbeutung oder die Gründe der permanenten Hungerkatastrophe –, gehen nicht auf psychisch deformierte Einzelne zurück, sondern sind global-struktureller Natur. Zum Beispiel ist das kapitalistische Wirtschaftssystem so angelegt, dass es zur Kapitalvermehrung durch Profit oder Zins drängt – buchstäblich um jeden Preis und häufig gegen das geschriebene Gesetz. Es belohnt die Gier, sowohl der Einzelnen wie ganzer Gesellschaften. Das

Wertesystem in den privat-kapitalistischen wie auch in den »sozialistischen«, in Wahrheit staatskapitalistischen Ländern konzentriert sich auf materiellen Reichtum, und zwar derart intensiv, dass sogar die Superreichen nie genug anhäufen können. Aber auch die allermeisten Normalverbraucher wollen von allem mehr und mehr. Außerdem wird uns erzählt, dass »die Wirtschaft« unbedingt Wachstum brauche. Das gilt gewiss in Armutsländern, aber doch nicht bei uns, die wir längst von allem zu viel haben!

Unser »ökologischer Fußabdruck« auf der Erde (wie die Summe der Mitwelt-Belastungen eines Einzelnen oder einer Gesellschaft genannt wird) ist in Europa um ein Vielfaches zu groß, als dass alle Menschen so leben könnten wie wir. Deshalb ist nicht nur »Nullwachstum« zu fordern, sondern sogar »Degrowth« (Wachstumsrücknahme). Folgerichtig gibt es inzwischen eine Diskussion über eine Postwachstumsökonomie. (Der Verlust von Arbeitsplätzen beispielsweise ließe sich durch weitere Arbeitszeitverkürzungen ausgleichen.)

Tatsächlich ist das ständige Wachstum des Wirtschaftsvolumens und damit des Ressourcenverbrauchs und des Schadstoffausstoßes eine der Hauptursachen für die ökologischen Probleme. Unbegrenztes Wachstum ist auf dem begrenzten Planeten Erde unmöglich. Der Wachstumswahn in unserer Gesellschaft ist offenbar eine kollektive Erkrankung, die – wie eine Krebswucherung – alle natürlichen Gegebenheiten sprengt. Auch Erich Fromm spricht von der psychosozialen, kulturellen Dimension des Bösen in der Welt, die deshalb auch kulturell angegangen werden müsse. (In seinem Buch »Haben oder Sein« charakterisiert er unsere Gesellschaft sehr konkret als Haben-Kultur.)

Dies ist allerdings eine epochale Aufgabe, bei der keine schnelle Lösung in Aussicht steht. Auf jeden Fall ist unsere derzeitige Wirtschaftsweise kein Naturphänomen und nicht alternativlos, wie immer wieder behauptet wird. Deshalb halte ich die These, jenes Leid, das durch diese Strukturen und Deformationen verursacht wird, müsse von mystischer Spiritualität hingenommen werden, für irreführend, ja für gefährlich falsch.

Leid-Systeme

Wie aber ist es mit jenen Ereignissen, deren Destruktivität jedes Vorstellungsvermögen übersteigt? Ortsnamen wie Auschwitz, Hiroshima oder Tschernobyl benennen ja nur symbolisch und stellvertretend »Böses« von ungeheuerlicher zeitlicher und räumlicher Dimension und mit unermesslichen Opferzahlen. Es wurden ganze Leid-Systeme geschaffen, wie der Holocaust, wie alle Bombardierungen ganzer Städte im Zweiten Weltkrieg, wie der vollständige Kreislauf der Atomindustrie vom Uranabbau bis zur Atommülllagerung. Dazu gehören auch die Völkermorde in der deutschen Kolonie Südwestafrika (heute Namibia), in Armenien, in Kambodscha oder in Ruanda.

Meine mystische Erfahrung beim Meditieren in Auschwitz (siehe 2. Kapitel) besagte: »Auschwitz, Hiroshima, Tschernobyl – alles inklusive«. Das sollte wohl heißen: All das gehört zu unserer Welt und darf oder kann nicht aus der Betrachtung ausgeklammert werden. Es sind ja nicht isolierte Krebsgeschwüre, die man chirurgisch entfernen könnte, um das Gesamtbild nicht zu belasten! Aber gewiss bedeutet der Satz nicht, dass all das wertneutral gesehen und akzeptiert werden müsste. Das wäre moralisch unerträglich! Eine nichtwertende Wahrnehmung des Ganzen meint nicht, dass alles darin im ethischen Sinne gleich-gültig wäre und hinzunehmen sei. Bedeutsam scheint mir dafür die Unterscheidung zwischen einem *An*-nehmen dessen, was ist, und seinem generellen *Hin*-nehmen. Denn das, was lebensfeindlich ist, aber änderbar wäre, darf nicht hingenommen werden. Ich möchte im 6. Kapitel darauf zurückkommen.

Am Anfang dieses Kapitels habe ich vorgeschlagen, zwischen dem von Menschen verursachten Leid und jenem Leid zu unterscheiden, das ohne menschliches Verschulden in unserer Welt immer wieder auftritt: schwere Krankheiten, früher Tod, Unfälle und Unglück bei Naturkatastrophen. Diese Leidformen erfordern gesonderte Betrachtung.

Schwere Krankheiten und früher Tod

Mit schweren Krankheiten sind jene gemeint, die bisher noch immer als unheilbar gelten und meist tödlich verlaufen: viele Arten von Krebs, verschiedene Arten des Muskelschwunds und die akute Form von Aids. Dies »bisher« bezieht sich auf die Erfahrung in der Geschichte der Menschheit, dass es im Laufe des 19. und 20. Jahrhunderts gelang, so schwere epidemische Seuchen wie Pest, Lepra, Tuberkulose, Cholera, Typhus, Malaria oder Kinderlähmung so weit einzudämmen, dass ihre weltweite gänzliche Austilgung absehbar ist. Vor allem wurden Medikamente und Impfstoffe entwickelt, mit denen man diese Krankheiten kontrollieren oder auch heilen kann. Medizinisch wäre ihre völlige Überwindung bald möglich, wenn nur ein kleiner Bruchteil der weltweiten Militärausgaben in das Gesundheitswesen fließen würde.

Für die heute schwer Erkrankten ist die Perspektive einer späteren Überwindung der Krankheit kein

Trost. Außerdem wollen viele, die lebenslang behindert sind, nicht als Kranke, das heißt als Defizitäre angesehen werden. Insofern gilt für mystische Spiritualität, gegenüber unaufhebbarem Leid die Haltung der achtsamen Liebe zu entwickeln, also ein einfühlsames Gespür dafür, wo welche Unterstützung nötig ist. Schmerz ist sehr eindeutiges Leid, für das es aber glücklicherweise und in der Regel heute wirksame Palliativmedizin gibt.

Die bisher noch zahlreichen *Verkehrstoten* müssten weiter vermindert werden. Trotz der ständig noch steigenden Mobilität ist ihre Zahl in den hoch entwickelten Gesellschaften deutlich zurückgegangen, weil entsprechende technische und gesetzliche Maßnahmen entwickelt wurden. Freilich wird unser extensiver Gebrauch von Technik es wohl unmöglich machen, Unfalltote ganz zu vermeiden.

Im Zusammenhang mit solchen Unfällen wird besonders häufig der Begriff *früher Tod* verwendet, der sich ja auch bei schweren Erkrankungen junger Menschen aufdrängt. Es besteht meines Erachtens ein fundamentaler Unterschied zwischen dem Tod eines sehr alten und gebrechlichen Menschen und dem Tod einer jungen, noch mitten im Leben stehenden Person. Gewiss bedeutet Tod immer einen endgültigen und deshalb schmerzlichen Abschied vom eigenen Leben beziehungsweise vom Sterbenden. Aber sich gegen jeglichen Tod aufzulehnen – wie das unsere derzeitige Kultur und besonders die moderne Medizin tun – ist sinnlos; er gehört zum Leben wie die Geburt, er ist natürlich. Den Tod gibt es in der ganzen belebten Natur, und es musste ihn sogar seit einer sehr frühen Phase der Evolution auf der Erde geben, um jeweils neuen Lebewesen und neuen Varianten des Lebens Platz zu machen. Für uns heutige Menschen kann es durchaus ein Sterben »alt und lebenssatt« geben. Sicher noch nicht für jeden Menschen, da es noch so viel elendes Leben unter uns gibt. Aber auch hier gilt jenes »Bisher« oder »Noch«, weil mehr und mehr »frühe Tode« vermeidbar werden können. Man kann nicht in Ziffern benennen, wann ein Tod als ein zu früher oder als ein natürlicher anzusehen ist, und auch das Empfinden von Lebenszufriedenheit, das uns zum Abschied befähigt, wird immer individuell verschieden sein.

So oder so: Mystische Spiritualität kann im Hinblick auf schwere, unheilbare Krankheit und frühen Tod für die direkt betroffenen Menschen und ihre Angehörigen eine innere Reifung ermöglichen, die hilft, das Unvermeidliche in Frieden anzunehmen. Immer wieder gibt es dafür erstaunliche Beispiele. Auf die Schwierigkeit und den Segen des Annehmens soll im 6. Kapitel noch einmal näher eingegangen werden.

Naturkatastrophen

Es bleiben noch die leidvollen Folgen von Naturkatastrophen. Wir wissen inzwischen, dass heutzutage nicht mehr alle Fluten, Dürren und Stürme reine Naturkatastrophen sind, dass sie teilweise bereits Folgen der rapiden Erderwärmung sind, die wir Menschen dem Ökosystem Erde zumuten. Zwar haben viele Stürme – wie etwa die Taifune und Hurrikane – wie auch manche Dürren und Fluten mit stets wiederkehrenden klimatischen Bedingungen zu tun, sodass man nicht unterscheiden kann, welche Anteile davon menschengemacht sind. Umso wichtiger ist es, die Erderwärmung nicht weiter zu steigern, sondern sie zu reduzieren.

Eindeutig ist die Lage bei den Erd- und Seebeben. Sie entstehen aufgrund von Bewegungen und Reibungen in der festen äußeren Schicht der Erde (den Kontinentalplatten), die menschlichem Einfluss entzogen sind. Sie führen oft zu sehr großem Leid in den betroffenen Regionen. Hier gibt es für uns Menschen nur die Möglichkeit, ihre Entstehung immer früher und genauer vorhersagen zu können – wie das bei Vulkanausbrüchen bereits möglich ist –, um Vorsorge zu treffen. Außerdem hat man gelernt, selbst Hochhäuser erdbebensicher zu bauen, und man muss gefährliche Industrieanlagen nicht direkt an der Meeresküste errichten (wie in Fukushima). Die meisten Opfer der Tsunami-Katastrophe im Jahr 2004 im Indischen Ozean waren Arme, die ihre Bretterhütten nur illegal direkt am Strand hatten bauen können; die festen Häuser der Reichen hielten den Riesenwellen meist stand.

Leid in mystischer Sicht

Am Ende dieses Kapitels taucht die Frage wieder auf, was mystische Spiritualität zu all diesen Formen von Leid sagen kann. Für sie scheidet die traditionelle Antwort der Religionen aus, dass eine Gottheit diese Katastrophen auslöse, gar als Strafe für individuelles oder kollektives Verschulden. In der Nondualität mystischer Erfahrung ist kein Raum für das Bild einer Gottheit, die außerhalb unserer Wirklichkeit existiert und in sie eingreifen könnte oder Situationen zulässt, die sie auch ändern könnte. Die alte Theodizee-Frage »Wie konnte Gott das zulassen?« stellt sich ihr nicht. Wohl aber stellt mystische Spiritualität die Frage »Wie können wir Menschen so viel Leid zulassen, das Menschen verursachen und das vermeidbar wäre?« Zu dem Unvermeidlichen aber muss und kann sie sagen: Alle Phänomene unserer Wirklichkeit sind, wie sie sind – jenseits unseres Verstehens und Beurteilens. So kann sie – trotz des notwendigen Protestes gegen vermeidbares Leid – zu innerem Frieden führen.

Mystische Spiritualität erfährt Leid nicht nur im Gegenüber und im Äußeren, sondern auch in sich selbst, entweder als Mitleiden mit dem Leid anderer oder als das Leiden der Seele an sich selbst oder sogar als Leiden an Gott. Diese »*dunkle Nacht der Seele*« (wie Johannes vom Kreuz diesen Zustand nannte und beschrieb) haben gerade Mystikerinnen und Mystiker oft erlebt, vermutlich weil sie sich besonders radikal auf das Abgründige im Leben einließen und es doch dem göttlichen Geist zutrauten, sie darin zu halten, sodass sie es aushalten konnten. In der christlichen Leidensmystik haben nicht wenige sogar freiwilliges, asketisches Leid gesucht, um dem Leiden Christi näher, ja mit ihm eins zu sein.

Jörg Zink (Zink 1997: 147 ff.) wie auch Dorothee Sölle (Sölle 1997: 174 ff.) haben der Erfahrung des Leids ganze Kapitel gewidmet und dabei jene zeitgenössischen Mystikerinnen und Mystiker zu Wort kommen lassen, die vor allem an Gott und seiner scheinbaren Abwesenheit litten. »Die heute erfahrene ›dunkle Nacht der Seele‹ ist begründet in einer ›dunklen Nacht der Welt‹, deren Gottesfinsternis in verschiedenen Akzentuierungen, unter verschiedenen Namen der Ausweglosigkeit erscheint – wie ›Kreuz‹ bei Edith Stein, ›Unglück‹ bei Simone Weil, ›Agonie‹ bei Reinhold Schneider« (ebd., 191). Für mein Verständnis sollte mystische Spiritualität solche Erfahrungen nicht als Ausweglosigkeit, sondern als Durchgangs-krisen sehen auf dem Weg zu innerem Frieden – auch mit Leid.

5. Mystische Praxis

> Ich suchte Gott und fand ihn nicht,
> ich schrie zu ihm empor und bettelte um Licht,
> ich wandte mich mit nassem Blick.
> Da rührt es meine Schulter: »Ich bin hier!«
> Und Gott ging mit mir in mein Haus zurück.
> **RUMI**

In diesem Kapitel geht es um Zweierlei: zum einen um eine Praxis, die Einzelne auf ihrem inneren Weg der mystischen Spiritualität unterstützen kann; zum anderen darum, wie diese Spiritualität das Handeln nach außen prägen sollte.

Spirituelle Übung

Alle Arten von Spiritualität, die ich bisher kennengelernt habe, betonen, dass es für den jeweiligen Weg ein *regelmäßiges, möglichst tägliches Üben* braucht. Das kennt man ja auch für das Erlernen eines Musikinstrumentes; selbst berühmte Künstler brauchen ihre täglichen Fingerübungen. Und auch Spitzensportler müssen täglich trainieren. Für die mystische

Spiritualität ist diese tägliche Praxis in der Regel die stille Meditation, die auch eine »gegenstandslose« genannt wird, weil sie nicht einen Text, ein Bild oder einen Gegenstand zum Thema hat. Für manche Formen wird ein Mantra empfohlen, eine möglichst kurze Wortfolge, die ständig wiederholt wird und so das Bewusstsein zur Ruhe bringt (etwa beim Herzensgebet). In der christlichen Tradition spricht man von Kontemplation – ein wortloses Gebet als Sein vor Gott.

Man sitzt bei der *stillen Meditation* in der Regel auf einem Meditationskissen am Boden oder kniend auf einem Bänkchen oder auch auf der vorderen Kante eines Stuhles. In jedem Fall soll dabei das Becken nach vorne gekippt sein, damit der Rücken nicht krumm, sondern aufgerichtet ist. Sonst bekommt man bei längerem Stillsitzen Rückenschmerzen.

Die Schwierigkeit bei jeglicher stiller Meditation ist, dass sich gerade dann, wenn man nichts mehr denken will, das übliche Gedankenkarussell im Kopf weiterdreht und nicht zu stoppen ist. Binnen kürzester Zeit und schneller, als man eingreifen könnte, entstehen lange Assoziationsketten. Es gibt im Gehirn eben keinen Knopf zum Abschalten! Als Gegenmittel wird seit Jahrtausenden und in den verschiedensten spirituellen Traditionen angeraten, den eigenen Atem zu beobachten, und zwar ohne ihn zu verändern. Sehr wirkungsvoll ist es, wenn man nicht mehr denkt »Ich atme ein, ich atme aus«, sondern sich bewusst macht, dass ja der Atem von alleine kommt und geht – immer, selbst in Schlaf oder Ohnmacht, seit dem ersten Schrei bei der Geburt bis zum letzten Atemzug im Sterben.

Ich kann mir also sagen: »Der Atem kommt, der Atem geht, ich werde geatmet.« Wir stehen dabei in einer wundersamen Beziehung zu allen anderen Lebewesen, insbesondere zu den Grünpflanzen, wie bereits im 2. Kapitel erwähnt wurde. Welch ein Grund zur Freude und Dankbarkeit! Es braucht allerdings viel Geduld und Frustrationsbereitschaft, um zu lernen, in die innere Stille einzutauchen und in wache Versenkung zu gelangen. Alles Weitere – so betonen die meisten mystischen Lehrerinnen und Lehrer – ist nicht mehr zu »machen«, ja schon der Wunsch nach einer besonderen inneren Erfahrung gefährdet dessen Erfüllung. »Absichtslos sitzen« heißt die Parole, die leicht auszusprechen und schwierig zu realisieren ist.

Wegen solcher und manch anderer Schwierigkeiten ist dringend zu empfehlen, für den gewählten Übungsweg einen *spirituellen Lehrer oder eine Lehrerin* zu suchen. Bei den üblichen Intensiv-Retreats (im Zen »Sesshin« genannt) ist stets Gelegenheit zu persönlicher Aussprache mit dem oder der Lehrenden. Sie ist nicht nur nötig, um über die Meditationsmethode zu sprechen, sondern mehr noch über die beim Meditieren auftretenden inneren Erfahrungen. Denn die können auf dem Weg entweder behindern oder in die Irre führen. Solche Beratungsgespräche wie auch die spirituellen Ansprachen des Lehrers oder der Lehrerin sind wie Wegweiser in unbekanntem Gelände (siehe dazu Breidenstein 2013, Kapitel 2 und 3).

Das Meditieren wirkt sich auch schon vor einer speziellen mystischen Erfahrung ganz allgemein beruhigend auf den Meditierenden aus, es entsteht mehr Gelassenheit und Gleichmut im Alltag, mehr Achtsamkeit und Konzentration; und die Fähigkeit, auf andere mit Empathie und ohne Eigeninteresse einzugehen, nimmt zu. Das sind gleichsam Stufen in einem allmählichen Prozess des Erwachens.

Achtsamkeit ist nicht nur eine Frucht der meditativen Übung, sie kann auch selbst ein Übungsweg sein. In der weltweiten Bewegung des vietnamesischen spirituellen Lehrers Thich Nhat Hanh steht sie im Zentrum. Er empfiehlt, ganz alltägliche Arbeit in größtmöglicher Bewusstheit zu verrichten und dabei immer mal wieder innezuhalten, um den Atem wahrzunehmen. Das Klingeln des Telefons oder die plötzlich rote Ampel könne man als »Glocke der Achtsamkeit« nutzen, das heißt als Gelegenheit, aus dem Alltagstrott zu erwachen und sich des Atem-Geschenks bewusst zu werden. Dann taucht – verspricht Thich Nhat Hanh –, wie von Zauberhand bewirkt, ein »Halblächeln« auf dem Gesicht auf.

Ich habe mich immer wieder gefragt, was denn diese spirituelle Achtsamkeit unterscheide von der Konzentration einer Chirurgin, eines Artisten, eines Kranführers oder eines Menschen am Computer. Bis mir eines Tages dazu das Bild einer Bühne kam: Die säkulare Achtsamkeit ist wie ein Spotlight auf einer sonst dunklen Bühne und zeitlich begrenzt; während bei der spirituellen Achtsamkeit die Bühne immer und voll beleuchtet ist – auch wenn sie je nach Bedarf zwischen Fokus und Totale wechseln kann. Für all dies Tun gilt der Zen-Spruch:

»Vor der Erleuchtung Holz hacken, Wasser holen/ nach der Erleuchtung Holz hacken, Wasser holen.«

Aktivität und Passivität in der Übung

Eine spannende Frage bleibt bei allen spirituellen Übungswegen, wie sich Aktivität und Passivität beim Üben zueinander verhalten, was man dabei selbst tun kann und was eben nicht machbar ist. Die folgende kleine Geschichte bringt das sehr schön auf den Punkt:

»Was kann ich tun, um Erleuchtung zu erlangen?«, fragte ein Schüler seinen Meister. »Gerade so wenig, wie du dazu tun kannst, dass die Sonne aufgeht«, war dessen Antwort. »Wozu dann all das Üben?«, fragte der Schüler zurück. »Damit du wach bist, *wenn* die Sonne aufgeht.«

Vielleicht kann man in dieser Geschichte unterscheiden zwischen dem Wachsein, wozu ich selbst etwas tun muss, und dem Erwachen (dem ›Sonnenaufgang‹), das unabhängig von meinem Tun geschieht.

Oder in einem anderen Bild ausgedrückt, das mir mein Lehrer einmal anbot: Eine Reise muss man vorbereiten, eine Fahrkarte lösen, mit dem Gepäck zum Bahnhof gehen und in den Zug einsteigen – all das kann und muss man selbst machen. Aber dann, im Zug können wir uns nur noch hinsetzen und die Fahrt dem Lokführer überlassen; wir können nichts mehr tun, um die Fahrt zu beschleunigen, zu verlangsamen oder in eine andere Richtung zu lenken.

Mein späterer Lehrer meinte zu diesem scheinbaren Widerspruch zwischen Tun und Geschehenlassen, dass es dabei um zwei Waagschalen gehe, von denen mal die eine, mal die andere oben sei, am besten aber beide im Gleichgewicht sein sollten.

Schließlich möchte ich den protestantischen Mystiker Gerhard Tersteegen zitieren, der in seinem Lied »Gott ist gegenwärtig« in Strophe 6 die Aspekte Aktivität und Passivität sehr poetisch zur Sprache brachte:

»Du durchdringest alles;
lass dein schönstes Lichte,
Herr, berühren mein Gesichte.
Wie die zarten Blumen
willig sich entfalten
und der Sonne stille halten,
lass mich so
still und froh
deine Strahlen fassen,
dich nur wirken lassen.«

Ein anderer delikater Aspekt auf jedem spirituellen Übungsweg betrifft die Frage nach der *Motivation*. Warum überhaupt begibt man sich auf einen solchen oft mühsamen und immer lebenslangen Weg? Und in einer Krise fragt man sich immer mal wieder: »Warum tue ich mir diese Plackerei an?«

Ist es die Suche nach Sinn, nach Gotteserkenntnis, ein Verlangen nach letztmöglicher Erfahrung, nach Erleuchtung? »Vergiss alles, was du über Erleuchtung jemals gelesen oder gehört hast«, ermahnte mich einmal mein Zen-Lehrer. Ich konnte ihm versichern, dass solche Erwartungen bei mir schon fast keine Rolle mehr spielten, und fügte hinzu: »Nur meine Sehnsucht bleibt, dass es weitergehen soll.« »Ja, und das ist auch schon die Hauptsache!«, war seine Reaktion. Ein anderes Mal sagte er: »Sei froh und dankbar, dass du diese Sehnsucht hast; sie ist ein Geschenk der Gnade und sie zieht dich. Aber sieh zu, dass du keine Vorstellungen damit verbindest, denn die Erfahrung ist jenseits aller Vorstellungen.«

Freilich würde es ein Missverstehen der mystischen Spiritualität bedeuten, wenn sich diese Sehnsucht auf etwas, gar auf etwas Fernes, auf das Unendliche richtete. Sie muss nach innen gehen in die Tiefe des Bewusstseins, auch ins Dunkle oder sogar ins Nichts – und dann immer wieder nach außen, um inmitten der Welt das Unendliche zu finden.

Mystische Praxis für Nächste

Und mitten in die Welt wenden sich auch die anderen Formen der mystischen Praxis. Man könnte sie unter dem christlichen Begriff der *Liebe* oder dem buddhistischen des *Mitgefühls* zusammenfassen. Die vom Ego weitgehend befreite Individualität hat es nicht mehr nötig, sich mit sich selbst zu beschäftigen oder nur im eigenen Interesse zu handeln. Sie ist frei, auf das einzugehen, was bei anderen Bedürfnis oder sogar notwendig ist. Das kann im privaten Umfeld ein Kind sein, der Partner, die Partnerin, ein kranker oder pflegebedürftiger Mensch; es kann in der Berufstätigkeit ein Kollege, eine Kollegin sein, ein Mitarbeiter, ein Kunde oder Patient. Eine Fülle von Begegnungen im

Alltag senden bei genauem Hinfühlen unhörbare Rufe nach Anerkennung, Liebe oder Mitgefühl aus. Mystisch inspiriertes Handeln spürt dann empathisch, in welcher Weise und wie viel Zuwendung angebracht ist. Dabei sucht es nicht eigene Anerkennung oder gar Gegenleistung, wie es bei einer vom Ego motivierten Hilfeleistung der Fall wäre. Übrigens ist es sinnvoll und oft nötig, zu unterscheiden zwischen Mitgefühl und Mitleid. Nicht nur weil Letzteres leicht herablassend wirkt, Mitleiden – wörtlich verstanden – hilft niemandem.

Mystische Praxis für die Welt

Der Horizont solchen Handelns aus mystischer Spiritualität ist erweiterbar und umfasst theoretisch die ganze Welt. »Der Nächste« kann sehr fern sein in unserer klein gewordenen Welt. Denn dank der Medien und der weltweiten raschen Kommunikation erfahren wir tagtäglich von Nöten auch in abgelegenen Regionen der Erde. Ich finde es erstaunlich, wie viele Millionen Menschen allein in Deutschland auf entsprechende Spendenaufrufe reagieren. Auch die Zahl der freiwilligen Helfer, die ihre Freizeit einsetzen, ist enorm. Da die vielen gut aufgestellten Hilfsorganisationen bei bestimmten Katastrophen oder auch im Hinblick auf den permanenten weltweiten Hunger schnell und sachgemäß reagieren, kann man sicher sein, dass selbst kleine Spendenbeträge wirkungsvoll helfen. (Übrigens werden die Hilfsorganisationen ständig von einer unabhängigen Institution auf die korrekte Verwendung der ihnen anvertrauten Gelder geprüft und erhalten dann ein ›Spendensiegel‹.) Wenn man den eigenen Konsum reduziert, um nachhaltig zu leben, kann man auch mehr abgeben. Geldspenden sollte man nicht generell als ein Freikaufen des eigenen schlechten Gewissens abtun; ich sehe in der Spenden- und Hilfsbereitschaft für Projekte in aller Welt ein Symptom eines werdenden globalen Bewusstseins.

Das gilt auch für die Bereitschaft einer zunehmenden Zahl von Menschen bei uns, ihren *Lebensstil* in Richtung Nachhaltigkeit so zu verändern, dass er nicht mehr so viel Schaden in der Mitwelt (Rohstoffverbrauch, Müll, Abgase) anrichtet oder mit verursacht. Klimaveränderung, zu der wir beitragen, wirkt sich nicht primär in unserer unmittelbaren Umgebung aus, sondern vor allem in fernen Ländern – und auch das nicht sofort, sondern eher längerfristig. Bei dem Bemühen um einen nachhaltigen, das heißt die Zukunft bedenkenden Lebensstil geht es allerdings um recht tiefe Einschnitte in Gewohntes, in lieb gewordene Bedürfnisse. Selbst wenn wir solche Veränderungen nicht als Verzicht ansehen, sondern als Befreiung von Konsumsucht, bleiben sie einschneidende Herausforderungen. Da reicht all unser Wissen um die globalen Zusammenhänge nicht aus, vielmehr braucht es eine tief greifende Bewusstseinsveränderung. Hierzu kann mystische Spiritualität einen wichtigen Beitrag leisten, denn die Ego-Verhaftung spielt bei unseren Widerständen eine entscheidende Rolle.

Darüber hinaus kann mystisch motivierte Praxis sich auch Problemen zuwenden, die nur durch die *Änderung von ungerechten Strukturen* zu lösen sind. Für einige mag das zum Engagement in einer politischen Funktion führen, für andere in entsprechenden Protestbewegungen, die auf solche Probleme überhaupt erst aufmerksam machen. Wieder andere verwenden eine Zeit ihres Lebens, um in einem Armutsland helfend mitzuarbeiten. Mystische Spiritualität inmitten der Welt kennt keine Grenzen. Natürlich gibt es Grenzen der eigenen Möglichkeiten, und niemandem ist dann noch geholfen, wenn man sich bis zum Burn-out oder physischen Zusammenbruch verausgabt. Doch mystische Spiritualität kann die Grenzen der Kraft erstaunlich weiten, oder sie kann rechtzeitig erkennen, wenn bei einem Helfersyndrom das Ego im Spiel ist. Zuweilen ist auch das Lassen einer Aktivität eine Frage der inneren Freiheit. Das führt uns zum nächsten Kapitel.

6. Mystik und Widerstand, Tun und Lassen

> Tue immer das, was zu tun ist,
> ohne daran anzuhaften.
> Wahrlich, wenn er nicht-anhaftend handelt,
> erreicht der Mensch das Höchste…
> Indem du die Harmonie der Welt im Auge hast,
> sollst also auch du handeln.
> **Bhagavad Gita III, 19 f.**

»Mystik und Widerstand« ist der Titel jenes umfangreichen Buches, mit dem sich Dorothee Sölle 1997 zum ersten Mal als Mystikerin bekannte. Für uns, die wir sie als Prophetin einer politischen Theologie erlebt hatten, war dies eine große Überraschung. Da war immerhin das Wort »Widerstand«, und wir kannten sie ja auch als Aktivistin in Aktionen des gewaltfreien Widerstands.

Im Buch geht Sölle sprachlich noch einen Schritt weiter, wenn sie den dritten Hauptteil ihres Werks mit »Mystik *ist* Widerstand« überschreibt. »Der hier angenommene weite Begriff von Widerstand erwächst aus der Distanz zu der als normal geltenden Welt, die sich auf Macht, Besitz und Gewalt gründet. Er variiert folglich in den verschiedensten Situationen zwischen Abweichung, Dissens, Enthaltung, Verweigerung, Boykott oder Streik ...« (Sölle 1997: 250). Es geht also eindeutig um gewaltfreien Widerstand und nicht um Kampf um jeden Preis. »Ichlos, besitzlos, gewaltlos zu werden sind die Namen des Nichts, das auch unter uns Alles werden will.« Mit dieser letzten Formulierung bezieht Sölle sich auf einen Satz des protestantischen Mystikers Jakob Böhme: »Gott ist das Nichts, das alles werden will« (ebd.: 245).

Es ist das Besondere an ihrem Buch, dass sie verschiedene Aspekte von widerständiger Mystik illustriert, beispielsweise anhand der Biografien von Tolstoi, Dag Hammerskjöld, Dorothy Day, Mahatma Gandhi, Martin Luther King und mehreren Vertretern der lateinamerikanischen Befreiungstheologie. Auch im zweiten Teil, in dem sie von »Orten mystischer Erfahrung« wie Natur, Erotik, Leiden, Gemeinschaft und Freude spricht, berichtet sie von vielen Zeugen der mystischen Spiritualität aus den verschiedensten Epochen und Kulturen.

Und immer geht es um Mystik, die nicht zufällig in Konflikt mit den Herrschenden gerät und oft in Unterdrückung führte. Viele Mystikerinnen und Mystiker kamen unter die Folter, in jahrelange Kerkerhaft oder wurden bei lebendigem Leibe verbrannt, wie zum

Beispiel die französische Begine Marguerite Porète im Jahre 1310. Inwieweit dieser Widerstand der offiziellen Kirche galt oder einer politischen Macht, ist oft nicht zu unterscheiden.

Annehmen, Hinnehmen, Nichthinnehmen

Entspricht ein solch hartnäckiger, unbeugsamer Widerstand eigentlich einer mystischen Spiritualität, der es doch um ein Nichtanhaften geht, auch nicht an »der Wahrheit«? Und zeichnet sich Mystik nicht gerade dadurch aus, dass es ihr nicht nur ums Tun, sondern auch ums Lassen geht – um das Annehmen widriger Umstände? Vom Annehmen und vom Nichthinnehmen haben wir bereits im 4. Kapitel gesprochen. Im oft zitierten »Gebet um Gelassenheit« wird unterschieden zwischen dem, was nicht zu ändern ist, und dem, was geändert werden kann; und erbeten wird die Weisheit, das eine vom anderen zu unterscheiden. Denn tatsächlich besteht mystische Spiritualität weder in einem fatalistischen Hinnehmen einer widrigen Gegebenheit noch in einem uneinsichtigen Anrennen gegen eine Wand. Die klare Wahrnehmung und das Annehmen dessen, was ist, müssen immer das Erste sein; erst dann steht die Prüfung an, ob Veränderung beziehungsweise Widerstand oder ob das Hinnehmen angezeigt ist.

Das klingt banal, ist jedoch im Vollzug oft schwierig. Wohl jede und jeder wird sich zum Beispiel bei einer Krebsdiagnose zunächst mit allen physischen und psychischen Kräften, mit Schulmedizin oder alternativer Medizin gegen diese Krankheit wehren und um Genesung ringen. Aber dann kommt es darauf an, den richtigen Zeitpunkt zu finden, an dem der Kampf aussichtslos wird und nur ein Einlenken ins endgültige Annehmen und Hinnehmen eine Vorbereitung auf das Sterben ermöglicht. Eine Diagnose einer zum Tod führenden Krankheit muss zwar vom Betroffenen schließlich angenommen werden, aber die Gesellschaft als Ganzes muss all diese schweren Erkrankungen, von denen im 4. Kapitel die Rede war, nicht hinnehmen; sie sollte mit allen verfügbaren Mitteln um Änderung der Lage kämpfen, wie das etwa bei der Epidemie mit der tödlichen Ebola-Infektion 2014/15 mit weltweit vereinten Kräften gelang.

Das Lassen

Oft fällt aber das Annehmen dessen, was ist, schwer. Wir lehnen uns auch gegen Faktisches auf oder gegen eine bestimmte Interpretation von Fakten. Da mag mystische Spiritualität helfen, sich vom Anhaften, vom Kleben an vorgefasster Meinung, an starrer Erwartung, an den Interessen des Egos befreien zu lassen. Das berühmte Loslassen ist ein häufiger Rat in psychotherapeutischer oder spiritueller Beratung. Vielleicht gelingt dieses oft so schwierige Loslassen, wenn ich zunächst »auf Probe« das entsprechende Gefühl, den infrage stehenden Plan mental aufgebe und mich frage: »Wie wäre es, wenn ich nicht mehr daran hänge?« Auch kann ich mich fragen: »Warum ist mir dieser Wunsch, dieser Gedanke, dieses Projekt so wichtig? An welchem Maßstab messe ich diese Wichtigkeit?« Mystische Spiritualität relativiert Normen, Maßstäbe und Theorien als das, was sie sind: Konstruktionen des menschlichen Geistes. Das hebt sie nicht gänzlich auf, erleichtert aber ein Loslassen.

Etymologisch geht das Wort *lassen* zurück auf das mittelhochdeutsche Verb *lazen*; »lazen/lassen kann ein Abstandnehmen von etwas, aber auch ein Raumgeben für etwas bedeuten. ›Lass mich!‹ meint sowohl ›Lass von mir ab!‹ wie auch ›Lass mich gewähren!‹ Diese negative oder positive Bedeutung wird verdeutlicht durch Suffixe wie weg-, los-, ver-lassen; oder frei-, über-, zu-lassen« (Wagner 1995: 87). Das Adjektiv *gelazen* und das Nomen *gelazenheit* (wohl erstmals bei Meister Eckhart, aber nur einmal) klingen für uns Heutige sehr positiv; es geht um eine erstrebenswerte Tugend. Bei Eckhart überwiegt zwar die negative Bedeutung ›loslassen‹. Aber: »Die Negation des Lassens ist selbst das Positive, die Abkehr von sich und der Welt ist die Hinkehr zu Gott, so wie umgekehrt diese Hinkehr nur als eine Abkehr vollzogen werden kann. [...] Das Lassen kommt dort zum Ziel und zu seiner eigentlichen Bedeutung, wo der Mensch von sich her den Bezug aufgibt: ohne etwas zu bejahen und ohne etwas zu verneinen, ohne sich von etwas zu distanzieren und ohne die Nähe von etwas zu suchen« (Wagner 1995: 89).

In diesen dichten Formulierungen blitzt für mich etwas von einer typisch mystischen Ambivalenz auf, die rational schwer nachzuvollziehen ist. Vielleicht kann diese Ambivalenz bei einem Loslassen (zum Beispiel von langer Trauer) helfen, wenn ich mir klarmache, dass ich dabei nicht nur etwas verliere, sondern zugleich auch etwas gewinne, nämlich Entbindung von Belastendem und Freiheit (für neue Erfahrungen etwa).

So haben es vermutlich auch die Beatles gemeint in ihrem Welthit »Let It Be«. Das Lied entstand – wie Paul McCartney später berichtete – in einer Zeit voller Schwierigkeiten in der Gruppe, und die Strophen skizzieren auch andere Situationen tiefer Traurigkeit in aller Welt. Und immer wirken »the words of wisdom« als Trostworte, die McCartneys früh verstorbene Mutter ihm ursprünglich im Traum zusprach und die im Lied wieder und wieder gesungen werden. »*Let it be*« also nicht nur im Sinne von Hinter-sich-

Lassen oder als Resignation in das Gegebene, sondern im Sinne von »Lass es gut sein«, »Sperr dich nicht dagegen«.

Ist Seinlassen also das Gegenteil von Widerstand? Es steht nicht im Widerspruch zu dem, was oben von Dorothee Sölle zitiert wurde, sondern ist seine paradoxe Kehrseite. Und mit Paradoxien – also logischen Widersprüchen, die nicht nach einer Seite auflösbar sind – bekommt man es oft zu tun in der mystischen Tradition. So kreist schon Laotses »Tao Te King« um das berühmte »Wu Wei«, das Handeln durch Nichthandeln (siehe auch den Motto-Text am Anfang dieses Kapitels).

Das Tun und das Lassen stehen in einem solchen paradoxen Widerspruch zueinander, wenn man sie absolut setzt – wie es die meisten Aktivisten einerseits und viele Esoteriker andererseits vertreten. Der Wahrheit kommen wir wohl am nächsten, wenn wir die beiden Optionen je nach der Situation wählen und insgesamt in der beweglichen Waage halten. Sehr schön hat das Hans-Peter Gensichen in seinem Buch »tun-lassen« (2003) bedacht.

Das Aushalten

Ich möchte noch eine andere Weise von Widerstand ansprechen: das Standhalten und Aushalten inmitten der Stürme unserer Welt. Manche der Krisen, von denen zu erwarten ist, dass sie sich in den nächsten Jahren noch weiter steigern werden, können allein durch ihre Abbilder in den Medien, aber auch durch die mit ihnen verbundenen Zahlen und Fakten selbst einen psychisch gesunden Menschen umwerfen, niederdrücken und in Depression treiben. Vor diesem Hintergrund stellt ein Aushalten dessen, was ist, eine äußerste Herausforderung dar. Kann mystische Spiritualität hierzu etwas beitragen, dem Druck widerstehen und uns vor Resignation bewahren?

Am Ende des 2. Kapitels habe ich berichtet, dass ich beim Meditieren in Auschwitz genau diese Erfahrung gemacht habe: »Ich konnte mitten im größten Grauen das, was ist und war, aushalten [...] und nicht-unterscheidend annehmen, unabhängig von Begreifen und Verstehen.« Diese Erfahrung selbst lässt sich nicht begreifen oder begründen. Sie stand für sich. Und so ist es meine Hoffnung, dass uns auch in künftigen Krisen solch unerklärliche innere Kraft zuwachsen wird: Widerstand gegen den Wahnsinn!

Lassen – konkret

Damit das alles nicht zu abstrakt bleibt, will ich zum Schluss dieses Kapitels noch an zwei konkreten Beispielen zeigen, was mystische Spiritualität inmitten unserer stürmischen Welt für unser Tun und Lassen bedeuten kann.

Die Analyse der weltweiten Hungerproblematik sowie der dramatischen Veränderung des Klimas fordert natürlich insbesondere die Politik zum ändernden Handeln heraus. Aber Politiker verweisen immer wieder auf die Wünsche der Wähler und der Konsumenten. Insofern sind wir auch als Einzelne zu Konsequenzen aufgerufen. Es ist ja unser höchst privater Lebensstil betroffen, den der Staat ohnehin weder vorschreiben noch kontrollieren kann: Es geht um unsere *Essgewohnheiten* und unsere *Mobilität*.

Wir Menschen in West- wie Osteuropa, Nordamerika, Japan und Australien verzehren maßlose Mengen an Fleisch- und Wurstwaren. Wie schon weiter oben erwähnt, stammen sie in aller Regel aus tierquälerischer Massentierhaltung; ihre Produktion verschlingt Futtermittel von fruchtbaren Böden in Armutsländern und erzeugt einen ebenso großen Anteil an klimaschädlichen Gasen (CO_2, Methangas, Lachgas) wie der gesamte weltweite Verkehr. Wenn man das für das eigene Verhalten berücksichtigen will, hat man für eine deutliche Reduktion solcher Nahrungsmittel oder für einen kompletten Verzicht auf sie – also für vegetarische oder gar vegane Ernährung – zwei starke Motive, nämlich Solidarität mit den Hungernden und Beitrag zum Klimaschutz; zusätzlich zum Tierschutzmotiv und zum Schutz der eigenen Gesundheit. Die vegetarische Ernährung hat sich in den letzten Jahren erkennbar ausgebreitet und wird jetzt auf fast allen Speisekarten angeboten; sie ermöglicht Eiweißzufuhr in vielfacher Weise ohne tierisches Eiweiß. Und doch fällt es den meisten Menschen noch sehr schwer, die gewohnte Wurst, das gewohnte Schnitzel zu lassen.

Ein weiteres »Lassen«, das sich einem wachen Menschen inmitten unserer stürmischen Welt als Appell aufdrängt, fordert uns auf, das Fahren im eigenen Auto und vor allem das Fliegen deutlich zu reduzieren oder diese Formen der Mobilität ganz zu lassen. (Letzteres geht natürlich nicht für jeden und nicht in jeder Situation.) Ein einziger Fernflug (etwa nach Indien oder zum amerikanischen Kontinent) verursacht pro Kopf der Passagiere ebenso viel Treibstoffverbrauch und Treibhausgasausstoß wie 30 000 Kilometer Fahren mit einem Mittelklassewagen (so das Umweltbundesamt). Inlandsflüge sind die bei Weitem umweltschädlichste Weise der Mobilität.

Sowohl bei der Ernährung wie bei der Mobilität geht das Loslassen der Gewohnheiten an die Substanz unseres bisherigen Lebensstils. Beides sind ja an sich ganz normale Bedürfnisse, und solange wir es noch nicht anders wussten, haben wir in den reichen Ländern sie in wachsendem Maß befriedigt. Aber nun wissen wir von ihrer Schädlichkeit. Wir müssen nicht »die Erde heilen« (wie so oft gefordert wird), wir müssen es nur »lassen«, sie krank zu machen. Ich glaube, dass uns mystische Spiritualität eine befreiende Hilfe sein kann beim Entzug von diesen zur Sucht gewordenen Bedürfnissen, indem sie Nichtmaterielles für uns wichtiger macht.

Die beiden eben angesprochenen Praxisfelder verdeutlichen, dass ein achtsames Sein im Hier und Jetzt, vor Ort und inmitten unserer Welt, uns deutlich motivieren kann, das Notwendige zu tun. Dazu braucht es oft einige Informationen, die über den eigenen Erfahrungshorizont hinausreichen. Aber es bedarf keiner Ethik, die aus all den Erfordernissen ein System von Forderungen macht – mit der unvermeidlichen Tendenz zur »anhaftenden« Ideologie bzw. zum Dogma. (Nicht zufällig gehört die christliche Ethik im Rahmen der Theologie zur Dogmatik.) Wenn Zweifel bestehen, was denn notwendig sei, müsste die Frage, was Liebe und Mitgefühl von uns erwarten, zur klärenden Antwort führen. Manche modernen Ethik-Konflikte – wie. zur Organspende, zur aktiven Sterbehilfe oder zur Genmanipulation – werden auf diese Weise nicht eindeutig lösbar sein. Dann kann mystische Spiritualität zwar keine allgemeingültige Entscheidungshilfe beisteuern, aber – so hoffe ich – doch zu persönlicher Entscheidung helfen.

7. Mystisches Beten, mystisches Hoffen

Beten, das könnte heißen:
Sich des Grundes vergewissern, der uns alle trägt.
Den göttlichen Atem spüren, der mir Leben
einhaucht.
Mich der Kraft öffnen, die Mut zum Träumen
und zum Kämpfen gibt.
Seine Arme um die Welt legen.
GRIET PETERSEN

In der Einleitung zu diesem Buch habe ich geschrieben, dass in der mystischen Spiritualität das Göttliche als allgegenwärtiger Geist verstanden wird, verkörpert in allen Menschen, Tieren, Pflanzen und Dingen, als der Inbegriff des Ganzen. Da gibt es also kein personales Gegenüber, wie es in den meisten Religionen geglaubt und angesprochen wird. Traditionelle Gebete sind aber meist Bittgebete, in denen man die Gottheit um Trost, Hilfe, Gesundheit, um die Erfüllung seiner Wünsche bittet. Man glaubt an ein Wesen jenseits unserer Wirklichkeit, das man durch das Bitten dazu bewegen müsste und könnte, von dort aus einzugreifen und Situationen zu ändern. Insofern wird man als mystisch glaubender Christ verständlicherweise gefragt, ob oder wie man mit einem apersonalen Gottesverständnis »noch« beten könne.

Ein anderes Gottesbild

Wenn man mich so fragt, versuche ich genauer zu erklären, inwiefern ich von einem apersonalen Gottesverständnis spreche und warum ich den Begriff »Gott« nicht mehr gerne verwende. Dieser Begriff ist aufs Höchste beladen mit den personalen Vorstellungen, wie sie sich in den meisten Religionen, vor allem den monotheistischen, entwickelt haben. Insbesondere in der Bibel – in Altem wie Neuem Testament – finden wir sehr anthropomorphe, also menschenähnliche Bilder von einem Gott, der zürnt, liebt, eifersüchtig ist, Vergeltung übt oder barmherzig ist, mit sich verhandeln lässt; und der mal als menschenähnlicher Engel, mal direkt in Menschengestalt auftritt. Gerade im Gebet wünscht sich der Beter oder die Beterin ein personhaftes Gegenüber, das ihn hört und möglichst erhört und die Macht hat, etwas zu ändern. Solch ein Gott ist also immer im Gegenüber, meist im transzendent-fernen Gegenüber zu uns Menschen und unserer Welt. Und ebendiese Vorstellung ist mystischer Spiritualität fremd, ja steht im Gegensatz zu einem mystischen Verständnis des Göttlichen, das in allem und immer gegenwärtig ist.

Schon der große Mystiker Meister Eckhart hat gelegentlich unterschieden zwischen »Gott« und »Gottheit«, wobei ihm der letztere, abstraktere Begriff lieber war. Ich selbst kann mit meinem Verständnis des Göttlichen gut an die christliche Tradition anknüpfen, indem ich mich beziehe auf den in der Trinität enthaltenen Aspekt Gottes als Heiliger Geist. Denn dieser Heilige Geist entzieht sich jeder Personifizierung. Die Begriffe, die für ihn in der Bibel verwendet werden – hebräisch »ruach« und griechisch »pneuma« –, haben beide das breite Bedeutungsfeld Atem, Wind und Geist. Und dieser Geist »weht, wo er will; du hörst sein Brausen, weißt aber nicht, woher er kommt und wohin er geht« (Johannesevangelium 3, 8). Der Ausdruck »das Göttliche« scheint mir also geeignet, das Ganze des Seins, die Unermesslichkeit der schöpferischen Energie und das Unbedingte der göttlichen Liebe zur Sprache zu bringen, auch die Ehrfurcht vor dem Unverfügbaren.

Ein anderes Verständnis von Gebet

Wenn ich nun mit diesem apersonalen Gottesverständnis das Beten bejahe, muss ich gleich dazu sagen, dass ich ein anderes Verständnis von Gebet damit verbinde. Beten ist für mich keine nach außen gerichtete Aktion, die etwas in der äußeren Wirklichkeit oder im Willen Gottes verändern will, sondern primär ein Geschehen in meinem Bewusstsein. Das sei am Beispiel des *Dankgebetes* erläutert. Sowohl ein personal verstandener Gott wie auch »das Ganze des Seins« brauchen nicht meinen Dank und nicht mein Loben. Aber mein Bewusstsein möchte der Erfahrung Ausdruck geben, dass ich in allem, was mir widerfährt, ein Empfangender bin, sei es die Atemluft, die Nahrung, ein glückliches Erlebnis oder eine bereichernde Begegnung. Auch alle Begabungen, Prägungen und Inspirationen habe ich empfangen. Vielleicht kann ich sogar für eine schwierige Erfahrung danken, wenn ich sie als eine Gelegenheit zur inneren Reifung verstehe. Ich kann auch – wenn dies nicht zur Routine erstarrt – für mein Dasein als solches danken. In diesem Sinne ist mir ein Dankgebet aus mystischer Spiritualität möglich, ja immer wieder ein Bedürfnis.

Dagegen sind mir die üblichen *Bittgebete* fremd geworden, sie scheinen mir zu sehr im magischen Denken verwurzelt, so als ob – womöglich durch »Beten ohne Unterlass« – der Wille Gottes beeinflusst werden könne. Etwas anders ist es mit Fürbitten. Auch da geht es vor allem um einen Prozess in meinem Bewusstsein. Indem ich morgens mental die Namen unserer Nachkommen nenne, verbinde ich mich im Geiste mit ihnen und ihrer jeweiligen Situation; und für die Menschen in meinem Bekanntenkreis, die gerade in besonderer Not sind, bitte ich um Stärkung. Dabei ist mir bewusst, dass dies keine Ersatzhandlung sein darf, sondern nur eine immer wieder nötige Erinnerung an deren aktive Unterstützung durch mich, sei es durch ein Telefonat, einen Brief oder einen Besuch. Ob ein solches Gebet auch eine energetische Fernwirkung haben kann – wie es manche Untersuchungen nahelegen –, möchte ich nicht ausschließen.

Eine weitere Form des Gebets ist mir auf dem Weg mystischer Spiritualität wichtig geworden: ein *Gebet der Hingabe*. Es ist in besonderer Weise ein Prozess für das Bewusstsein, sich die eigene Ohnmacht einzugestehen und sich zugleich des Vertrauens in die Kraft des Ganzen zu vergewissern. Die spirituelle Hingabe bedeutet immer wieder Abgabe eines Stücks Ego.

Zudem ist daran zu erinnern, dass in der christlich-mystischen Tradition die Kontemplation im Zentrum steht. Sie ist das *Gebet des Schweigens*, ein Gebet also jenseits aller Worte und im Verzicht auf die Vorstellung eines Bewirkens. Jörg Zink, neben Dorothee Sölle ein weiterer großer Zeuge christlich-mystischer Spiritualität in unserer Zeit, schrieb dazu: »Bin ich ›in Gott‹, so weiß ich mich von allen Seiten umgeben und umfangen. Ich bin an einem Ort unendlicher Ruhe und Geborgenheit. Ich verlasse mich selbst und finde mich in Gott. Ich wende mich im schweigenden Gebet von mir selbst weg in die Unendlichkeit Gottes« (Zink 1997: 374). Diese stille, wortfreie Bewusstheit ist das eigentliche und wichtigste Gebet der mystischen Spiritualität.

Persönliches Hoffen

So wie das Beten wird auch das Hoffen von manchen Vertretern mystischer Spiritualität und sowieso von Außenstehenden infrage gestellt. Wie und worauf könnte man denn hoffen, wenn doch nur das Hier und Jetzt real und wichtig sei? Das Hoffen scheint aber eine Grundbestimmung menschlicher Existenz zu sein (siehe dazu weiter unten zu Ernst Blochs »Prinzip Hoffnung«). Nicht immer und in allen Kulturen war dies ein linear in ferne Zukunft gerichtetes Hoffen. In naturnahen und auch noch in den agrarischen Kulturen war das Denken zyklisch orientiert gemäß dem Werden und Vergehen und der Wiederkehr in der Natur. Und wenn die Existenzbedingungen gesichert waren, war deren Wiederholung im nächsten Jahr schon ein Segen. Wenn aber nicht, dann gab es das Hoffen, beispielsweise auf den rechtzeitigen Regen oder auf das Ende eines Dauerregens oder darauf, dass die Vorräte bis zur nächsten Ernte reichten.

In unserem Kulturraum, geprägt von der jüdisch-christlichen Religion und ihrem perspektivischen Zeitverständnis, gibt es das Hoffen schon lange, und zwar in doppelter Weise: als bange Frage, was denn jenseits des Todes zu erwarten sei; und als Frage, ob nicht die leiderfüllte Welt eine bessere werden könne. Zu der ersten Frage ist wenig zu sagen, da ja noch niemand wirklich von jenseits des Todes zurückkam, sodass er oder sie davon hätte berichten können. (Die zahlreichen, eindrucksvollen Nahtoderfahrungen sprechen vom inneren Erleben beim Sterben und von der Umkehr ins Leben, keineswegs aber vom Nach-dem-Tod.)

In vielen Religionen verbreitet ist die Erwartung, dass man nach dem Tod in einer neuen, hoffentlich »besseren« Inkarnation *wiedergeboren* werde, wobei das Tun im jetzigen Leben ein entscheidendes Kriterium für die Art der Reinkarnation sein werde. In der christlichen Tradition zentral verankert ist die Hoffnung, dass die Glaubenden nach dem Tod als dieselbe Person eine *Auferstehung* in einem »geistlichen Leib« erleben. (Ob man zunächst in einem Gericht vor Gott bestehen müsse und dort begnadigt werden könne oder ob man direkt »bei Gott sein« werde, ist in dieser Tradition nicht eindeutig.) Trotz aller Rücksicht auf diejenigen, denen solches Glauben hilft, zu leben und zu sterben, und denen ich diesen Glauben keineswegs ausreden will, muss ich gestehen, dass mir sowohl die Erwartung einer individuellen Wiedergeburt wie auch die einer persönlichen Auferstehung suspekt sind. Vielleicht sind sie Ausdruck eines tiefen Wissens um Wert und Würde eines individuellen Lebewesens, das nicht für immer verloren gehen dürfe. Aber ich habe den Verdacht, dass sie subtile Formen der Ego-Verhaftung sind. Das Ego kann die Vorstellung nicht ertragen, dass es eines Tages in keiner Weise mehr existieren sollte, und projiziert sich deshalb in jenseitige Fortsetzungen. Für mich hoffe ich, dass ich eines Tages mit der Vorstellung werde sterben können, dass meine Welle in den Ozean zurücksinkt und damit als individuelle Welle vergeht. Vergänglichkeit ist für mich nicht gleichbedeutend mit Vergeblichkeit.

Für die Erwartung eines *Gerichts nach diesem Leben* ist die Begründung häufig, dass doch wenigstens nach dem Tod Gerechtigkeit hergestellt werden müsse, indem die Bösen bestraft und die Guten belohnt werden. Auch diese Art der Hoffnung ist mir suspekt, weil sie allzu pädagogisch geprägt ist und oft als moralische Drohung missbraucht wurde. Obwohl diese Vorstellung auch im Neuen Testament weit verbreitet ist, halte ich sie für eine sehr menschliche Projektion. Die von Jesus verkündete Gnade und Vaterliebe Gottes entspricht nicht irgendeinem noch so gnädigen weltlichen Gericht. Gott, wie ihn Jesus neu verstand, ist kein Richter. (Die zahlreichen Drohworte in Jesu Mund gelten unter modernen Bibelwissenschaftlern als nicht echt jesuanisch, sondern als nachträgliche Eintragungen.) Als Urgrund des Seins, als alles durchdringende Liebesenergie umfängt das Göttliche alle und alles. Das ist Grund genug für jegliches Hoffen – auch auf eine innergeschichtliche Auferstehung unserer Welt.

Hoffen für die Welt

Der marxistische Philosoph Ernst Bloch widmet dem »*Prinzip Hoffnung*« sein Hauptwerk, eine umfangreiche, zweibändige Studie, in der alle Formen von Hoffen – von den Tagträumen und alltäglichen Wünschen bis zu den großen Utopien – in der gesamten Kulturgeschichte aufgespürt und betrachtet werden. Dabei scheint es ihm wichtiger zu sein, das Noch-nicht-Seiende zu bedenken als das Seiende. »Was nicht ist, kann noch werden!«, sagt der Volksmund und spricht in dieser schlichten Form jene Differenz aus, um die es bei allem Hoffen geht. Es ist die Differenz zwischen dem oft als ungenügend erlebten Seienden und dem als mögliche Verbesserung Gewünschten. Selbst in einer aussichtslosen Lage kann es noch die Hoffnung geben, wie es anders sein könnte oder müsste, auch wenn es aufgrund der gegebenen Situation eben nicht so ist und scheinbar nicht einmal werden kann. »Die Hoffnung stirbt zuletzt«, sagt dazu die Volksweisheit.

Was im 1. und im 4. Kapitel dieses Buches ausgeführt wurde, all die Krisen in unserer Welt und all das Leid auf der Erde, schreit ja geradezu nach einer Hoffnung, die wenigstens ahnen lässt, dass das Leben auch anders, weniger leidvoll, lebensfreundlicher sein könnte. Mystische Spiritualität muss solches Wünschen und Träumen und das Darauf-Hinarbeiten nicht diffamieren, aber sie muss davor warnen, dass das Bewusstsein des Einzelnen oder das einer ganzen Gesellschaft daran »haften« kann. Denn die Verfestigung gesellschaftlicher Zukunftsentwürfe zu politischen Programmen ist gefährlich. Da diese ja weitreichende Verbesserungen versprechen, tendieren sie dazu, diese Pläne auch mit Gewalt, ja sogar mit äußerster Härte durchzusetzen. So geschah es immer wieder in der menschlichen Geschichte, zuletzt unter den Faschisten in Europa, unter den Stalinisten in vielen Ländern und heute vonseiten des »Islamischen Staates«. Auch im Privaten drohen Katastrophen, wenn etwa ein Familienvater mit vermeintlichem Ausblick auf eine bessere Zukunft sich selbst und die ganze Familie ruiniert. »Anhaften« heißt in diesen Fällen, den viel zu hohen Preis für die Verwirklichung einer Hoffnung nicht zu erkennen und den geplanten Prozess, zum Beispiel die Revolution, rücksichtslos durchzuziehen.

Mystisch-liebende Einfühlung in alle Betroffenen muss dazu führen, keine unmenschlichen Überforderungen aufzustellen. Den Zeitplan und damit das Tempo der Veränderungen zu mäßigen wäre ein erster Schritt des Lassens.

Das Hoffen darf jedenfalls nicht dazu führen, mehr im Morgen oder Übermorgen zu leben als im Hier und Jetzt. Das Handeln im Hier und Jetzt braucht keine Hoffnung im Sinne einer sicheren Erfolgserwartung, aber es braucht eine Richtung. Es darf nicht in blinden Aktionismus ausarten, der nicht bedenken will, wohin das führt, was gerade getan wird. Für eine Antwort auf die Frage nach der richtigen Richtung des Handelns ist der Aspekt der Heilung wichtig. Um das dafür Notwendige zu erkennen, braucht es keine langfristige gesellschaftliche Perspektive; Einfühlung, Achtsamkeit, überhaupt Wachheit werden in aller Regel genügen. Dennoch sollten auch Mystiker und Mystikerinnen sich nicht dem Diskurs über die Zukunft, über das Wohin unserer Gesellschaft und der Welt entziehen. Wie genau soll denn Verbesserung aussehen und wie lässt sie sich angemessen realisieren? Das ist die wichtige Frage bei allen Reformen, aber erst recht bei weitergehenden Transformationsprozessen.

Spätestens dabei erhebt sich die Frage, ob denn überhaupt »Verbesserung« zu erwarten sei in dieser Geschichte, in unserer Menschen-Welt. Kann es *Fort-*

schritt geben? Eine Argumentation, die auf dem Zurückblicken und dem Vergleichen mit früheren Verhältnissen basiert, ist so gut wie aussichtslos, weil das Vergangene gar nicht so genau zu beurteilen ist wie das Gegenwärtige und weil die Maßstäbe des Urteilens wohl immer umstritten sein werden. Ob es Fortschritt gab und gibt, lässt sich weder beweisen noch widerlegen, und so sollte man auf diese Debatte keine Energie verschwenden. Hoffnung braucht keinen Glauben an einen gesamtgeschichtlichen Fortschritt, sie hofft so oder so.

Hoffen auf Evolution

Wohl aber ist es lohnend, sich die langen Linien der Evolution insgesamt und auf dem Planeten Erde anzuschauen. Denn dabei kann man erkennen, dass es trotz großer Katastrophen eine deutliche Tendenz zur Entwicklung immer komplexerer Seinsformen gegeben hat. Auch kann man sehen, dass die einschneidenden Schübe in der Evolution immer dichter aufeinander folgten, sie sich also beschleunigte. Ausführlich referiert habe ich diese Erkenntnisse der modernen Evolutionsforschung im 6. Kapitel meines Buches »Hoffen inmitten der Krisen« (Breidenstein [4]2009).

Bemerkenswert sind vor allem die Tendenzen zur *Evolution des Bewusstseins*, wie sie von Jean Gebser,

Hugo Enomiya-Lassalle oder Ken Wilber dargestellt wurden. Auch der zeitgenössische Mystiker Willigis Jäger legt großen Wert auf die Zusammenhänge der Evolution (beispielsweise in Jäger 2000: 82-85). Und Eckhart Tolle, dem es in seinen ersten Büchern noch ausschließlich um das »Jetzt!« und das »Leben im Jetzt« ging, entwickelt in seinem 2005 erschienenen Buch »Eine neue Erde« eine Zukunftsperspektive (insbesondere im 10. Kapitel). Sie alle eint die Erwartung, dass die Menschheit als Ganzes sich am Anfang eines neuen »Bewusstseinsschubes« befinde, der zu neuen geistig-spirituellen und folglich auch sozialen Zuständen auf unserem Planeten führen wird. Tolle allerdings warnt als konsequenter Mystiker vor einer Utopie, wenn er am Ende schreibt: »Die Entstehung eines neuen Himmels und damit auch einer neuen Erde ist kein Zukunftsereignis, das uns befreien wird. Nichts wird uns frei machen, weil uns nur der gegenwärtige Augenblick frei machen kann. Diese Erkenntnis ist das Erwachen. Erwachen als Zukunftsereignis ergibt keinen Sinn, denn das Erwachen ist die Verwirklichung von Präsenz. (...) Ein neuer Himmel und eine neue Erde entstehen in ebendiesem Augenblick in dir, und wenn sie nicht in diesem Augenblick entstehen, dann sind sie nur ein Gedanke in deinem Kopf und entstehen deshalb gar nicht« (Tolle 2005: 317 f.).

Ob dies das »letzte Wort« mystischer Spiritualität zum Hoffen sein muss, kann ich nicht entscheiden. Mein eigenes Hoffen wird allein schon durch den Glauben genährt, dass in allem der göttliche Geist am Wirken ist.

> Immer wieder in den dunkelsten Momenten der Geschichte hat es eine kleine Gruppe von Männern und Frauen, über die ganze Welt verteilt, geschafft, den Kurs der geschichtlichen Entwicklung zu verändern. Dies war nur möglich, weil ihre Hoffnung größer war als alle Hoffnung.
> **FRÈRE ROGER SCHUTZ**

8. Mystische Spiritualität – transreligiös

> Ich rufe Dich, der Du mir innewohnst,
> denn Du befreist mich von meinen Ängsten.
> Ich rufe Dich, der Du mir innewohnst,
> denn Du führst mich in das lebendige Vertrauen.
> Ich rufe Dich, der Du mir innewohnst,
> denn Du stellst mich in einen weiten Raum,
> in dem es keine Bedrängnis mehr gibt.
> **STEPHANIE KRENN**

Wie verhält sich mystische Spiritualität zu Religion bzw. den Religionen? Bisher wurde nur gelegentlich angesprochen, dass mystisch Glaubende zu ihren Heimatreligionen oft in kritischem Abstand standen, von den herrschenden religiösen Autoritäten sogar als bedrohlich angesehen und deshalb immer wieder unterdrückt wurden. Denn mystisches Glauben ist prinzipiell skeptisch gegenüber religiöser Sprache und ablehnend im Hinblick auf Dogmen. Aber ist mystische Spiritualität nicht selbst ein religiöses Phänomen?

Religion und Religiosität

Um das zu klären, scheint es mir nützlich zu sein, zwischen Religion und Religiosität zu unterscheiden. Beide Begriffe wurden von Religionswissenschaftlern und Religionsphilosophen gewiss hundertfach diskutiert und definiert. Ich wage es trotzdem, für den Zweck dieser Überlegungen eigene, schlichte Begriffsumschreibungen zu formulieren. Mit *Religiosität* benenne ich das Phänomen, dass Menschen zu allen historisch bekannten Zeiten und in allen Kulturen nach Orientierung, Halt und Sinn jenseits der unmittelbar erfahrbaren Wirklichkeit suchten. Und *Religion* wäre dann eine Form der Religiosität, die Heilige Schriften, Dogmen, Normen, Rituale und Institutionen hervorbrachte und darin gebunden ist. Unter *Spiritualität* wiederum verstehe ich eine Bewusstseinsweise, die sich auf Geistiges (das lateinische Wort *spiritus* bedeutet ja Geist) richtet, das über die materielle, objektivierbare Wirklichkeit hinausgreift, diese aber einbezieht. Es geht bei ihr um das Überschreiten der Grenze des bisher von unseren Sinnen Erkennbaren. Das ist insofern eine moderne Form von Religiosität, als sie kein bestimmtes Weltbild voraussetzt, auch wenn sie oft religiöse Sprache, Bilder und Formen annimmt. Könnte sie aber auch ganz ohne Religion (im oben beschriebenen Sinn) auskommen? Könnte es also eine *Spiritualität jenseits der Religione*n geben (abgekürzt: eine transreligiöse Spiritualität)?

Es ist wohl das, was moderne Menschen suchen, wenn sie – oft diffus und inflationär – von Spiritualität sprechen. Zweifellos ist eine breite Mehrheit bei uns in Mitteleuropa aus den traditionellen Kirchen längst ausgezogen. Einige haben sich in andere Tempel begeben. Aber die meisten wollen nicht mehr von Mauern umgeben sein. Zentrale Glaubensvorstellungen des Christentums sind: ein personhafter Gott im Himmel, Jesus Christus als Sohn Gottes und der Jungfrau Maria, der für unsere Versöhnung mit Gott geopfert wurde, Auferstehung der Toten, Jüngstes Gericht. Diese Glaubensinhalte sind derart in Konflikt geraten mit den Erkenntnissen der Naturwissenschaften und damit mit dem neuzeitlichen Weltbild, dass sie von sehr vielen Menschen nicht mehr wie bisher geglaubt werden können. Auch hat das Wirken der Kirchen in der Geschichte viele für immer abgeschreckt. Dass viele sich daher von den Kirchen abgewendet haben, wird schon lange als Säkularisierung beschrieben. Dem scheint zu widersprechen, dass noch immer die meisten Menschen ›irgendwie‹ an Gott, sogar an Engel oder ein Leben nach dem Tod glauben. Und Spiritualität ist wieder gefragt. Sie darf buddhistisch, esoterisch, indianisch, auch christlich gefärbt, soll aber ohne Bindung an eine bestimmte Religion sein.

Mystische Religiosität

Gerade *mystische* Spiritualität erlebt heute eine erstaunliche Renaissance, zum Teil innerhalb des Christentums, aber auch außerhalb der Kirchenmauern. Das liegt vermutlich daran, dass sie eine deutliche Distanz zu den traditionellen Religionen hält und ermöglicht. Sie verlangt keinen Glauben an alte Schriften oder vernunftwidrige Dogmen, ist frei von erstarrten Formen und unbelastet von historischen oder institutionellen Deformationen. Und Mystik lässt sich – wie wir im 2. Kapitel sehen konnten – gut vereinbaren mit jenem nachmodernen, ganzheitlichen, systemischen Weltbild, wie es sich seit einigen Jahrzehnten von den Naturwissenschaften her ausbreitet. Vor allem bietet sie ein willkommenes Gegengewicht zu jenem Materialismus, der heutzutage noch in den meisten Wissenschaften und im Alltag der Menschen vorherrscht.

So erlaubt mystische Spiritualität einen Abschied von überkommenen, institutionellen Religionen, obwohl sie selbst religiös ist. Ein solcher Abschied muss kein Bruch, sondern kann ein allmählicher Prozess sein, wahrscheinlich wird er auch nie total sein. Und was mich betrifft, ist solcher Abschied verbunden mit Dankbarkeit gegenüber den bisherigen Religionen für all das Wertvolle, was sie durch Jahrtausende überliefert haben. Mein besonderer Dank gilt allerdings gerade den Mystikern und Mystikerinnen aller Kulturen und Epochen für ihren Mut und die innere Freiheit, ihre jeweilige Religion infrage zu stellen, um so den Weg in die je eigene Erfahrung »der Wahrheit« freizulegen. Ja, um Erfahrung geht es in der mystischen Spiritualität, nicht um das Für-wahr-Halten bestimmter Glaubenssätze.

Bei Rainer Maria Rilke fand ich den Ausdruck »*ein kapellenloser Glaube*«. Er stammt aus einem Gedicht, das mit der Zeile »Es gibt so wunderweiße Nächte …« beginnt und mit den Zeilen endet

> »… und in die Herzen, traumgemut,
> steigt ein kapellenloser Glaube,
> der leise seine Wunder tut.«

Als ich diese Worte zum ersten Mal las, staunte ich mit weit offenen Augen. Wie konnte Rilke vor bereits hundert Jahren in Worte fassen, was heute von vielen Menschen gesucht wird – ein Glaube ohne »Kapelle«? Ich denke, dass mystische Spiritualität einen solchen »kapellenlosen Glauben«, also einen Glauben ohne Bindung an eine Religion, ermöglicht. Damit ist allerdings nicht eine inhaltlose Religiosität gemeint.

Ein transreligiöser Glaube

Was wäre der *Inhalt* eines solchen Glaubens? Was könnte ein Mensch mit mystischer Spiritualität glauben? Es geht um die Entdeckung und Erkundung von Neuland jenseits aller Religionen. Bei solcher Reise sollten wir Bewährtes im Gepäck haben und müssen nicht im Niemandsland anfangen. Obwohl mir bewusst ist, dass es in mystischer Spiritualität nicht mehr um Denken geht, habe ich versucht, mögliche Inhalte einer transreligiösen Spiritualität zu formulieren. Dieser Versuch enthält keineswegs nur »Neues«, bemüht sich aber um eine neue, möglichst konsensfähige Sprache:

➤ Die *Einsicht*, dass alle belebten und unbelebten Seinsformen auf unserem Planeten Erde, also Menschen, Tiere, Pflanzen, Wasser, Luft und Mineralien, untereinander und mit dem ganzen Kosmos verbunden sind. Diese Wahrnehmung wird mehr und mehr von den neuen, systemischen Naturwissenschaften unterstützt.

➤ Die *Ahnung* davon, dass dieses umfassende Lebensnetz von einer universellen, göttlichen Energie hervorgebracht wurde, durchdrungen ist und zusammengehalten wird; dass alles Sein sich zu immer größerer Komplexität und Schönheit entfaltet; und dass es nur eine und zwar eine materiell-geistige Wirklichkeit gibt – um uns und in uns.

➤ Die *Erfahrung*, dass diese Wirklichkeit für uns nicht nur Licht und Klarheit, sondern auch Dunkelheit und Rätsel enthält und dass es oft darum geht, das Nichtverstehen auszuhalten.

➤ Der *Glaube*, dass wir Menschen dazu befähigt und berufen sind, mit der göttlichen Energie in bewusste Verbindung zu treten, um von ihr inspiriert und transformiert und so auch ihr Instrument zu werden. Das kann uns davon abbringen, über andere Menschen und alle Natur herrschen zu wollen, und uns motivieren, dem Netz des Lebens unserem Wesen gemäß zu dienen wie Nervenzellen einem Organismus.

➤ Die *Gewissheit*, dass Werte wie Ehrfurcht vor allem Leben, Dankbarkeit für das Leben, Gerechtigkeit, Gewaltfreiheit, Wahrhaftigkeit, Versöhnungsbereitschaft, Mitgefühl, Toleranz und Achtsamkeit in allen Situationen unserem Handeln Motivation und Richtung geben können, um solcher Spiritualität zu entsprechen.

➤ Die *Überzeugung*, dass Glück und Sinn gerade im Nichtmateriellen wie Liebe, Freude, Zufriedenheit, Schönheit zu finden sind.

Ausdruck einer transreligiösen Spiritualität

Nun ist mir wichtig, dass die Überlegungen zu einer Spiritualität jenseits der Religionen kein bloßes Gedankenkonstrukt bleiben, sondern in einer Praxis erfahrbar werden. Denn ich behaupte (aufgrund jahrzehntelanger Erfahrungen), dass Spiritualität auf Dauer nicht lebensfähig ist, wenn sie nicht praktiziert wird. Ein spirituelles Bewusstsein braucht nicht nur – wie im 5. Kapitel erörtert – Einübung, es will sich auch ausdrücken, jedenfalls dann, wenn es für eine gewisse Zahl von Menschen – seien es zehn oder Tausende – ein gemeinsames sein soll.

Gewiss gibt es heutzutage viele Menschen, die eine je eigene Spiritualität erfahren und leben, besonders in engem Kontakt mit der Natur. Aber es wird für solche »private« Spiritualität schwerer sein, Trägheit, Zweifel, Frustration zu überwinden und den Horror der eskalierenden globalen Krisen auszuhalten. Erst recht müsste eine Spiritualität eine überindividuelle, eine gemeinschaftliche sein, wenn sie ausstrahlen und anziehen soll, um womöglich einen dauerhaften Beitrag zur Weiterentwicklung menschlicher Kultur zu leisten.

Dazu jedenfalls braucht sie *Ausdrucksformen*. Auch hier muss nicht alles exklusiv neu sein. Transzendieren meint ja nicht Abbruch und Verurteilen von allem

Bisherigen, sondern ein Weitergehen über bisherige Grenzen hinaus, wobei Wertvolles mitgenommen werden kann. Wer in das Neuland einer transreligiösen Spiritualität aufbricht, für das es noch keine Landkarten gibt, sollte mit Vorsicht und Umsicht den Weg suchen. Einerseits ist zu berücksichtigen, dass die Weggefährten oft aus recht unterschiedlichen Heimatländern kommen und etliche von ihnen Verwundungen aus religiösen Zusammenhängen an sich tragen. Andererseits gilt es, Mut und Fantasie für Experimente im Gepäck zu haben. Das meiste von dem, was ich jetzt aufzähle, stammt aus Erfahrungen, die ich in einer ökologisch-spirituellen Lebensgemeinschaft und in zahlreichen Seminaren selbst gemacht habe.

Am ehesten konsensfähig ist das *schweigende Meditieren*. Doch ohne eine verbindliche und regelmäßige Gemeinsamkeit der Meditation kann das Meditieren nicht seine stärkende Kraft entfalten. Solche Verbindlichkeit ist freilich – wenn man nicht in einer ordensähnlichen Gemeinschaft lebt oder sein will – schwer zu erreichen, denn man kann sie nicht beschließen oder verordnen.

Singen und Kreistänze wirken sehr verbindend und haben insofern eine »implizite« Spiritualität. Bei Gesängen ist es aber nicht einfach, Lieder ohne allzu religiösen Wortlaut zu finden. Ein gutes Beispiel für ein transreligiöses Lied ist der Kanon »Der Himmel geht über allen auf«.

Bei *Texten zum Vorlesen* bei kleinen oder größeren Ritualen oder Feiern kann man sich damit behelfen, dass man Texte verschiedener religiöser Traditionen nebeneinander stellt. Wirklich transreligiöse Texte gibt es noch nicht viele, am ehesten bei Eckhart Tolle, der alle bisherigen Religionen transzendiert hat und Spiritualität in einfacher, zeitgemäßer Sprache ausdrückt.

Bevor man *Gebete* spricht, muss unter den Beteiligten geklärt werden, was sie bedeuten sollen und was nicht. Wie im vorigen Kapitel bedacht wurde, muss ein Gebet nicht automatisch an einen personal vorgestellten Gott gerichtet sein. Stephanie Krenn, eine weitere spirituelle Lehrerin unserer Zeit, hat wunderbare, konsequent transreligiöse Gebete formuliert (siehe Kapitelanfang und Krenn 1998). Wenn dabei »das Ganze« mit »Du« angeredet wird, mag das manch einen spirituell Suchenden befremden. Aber vielleicht ist es gerade dieses personale Element und die von ihm ausgehende Wärme und Geborgenheit, was eine aus dem Christentum hervorgehende Mystik zu einer Spiritualität jenseits der Religionen beitragen kann.

Relativ einfach für eine spirituelle Gestaltung ist der *Beginn von Mahlzeiten*. Ich halte die Hauptmahlzeit, aber eigentlich auch jeden kleinen Imbiss für ei-

ne besondere, aber alltägliche Gelegenheit, innezuhalten und sich der tiefen, existenziellen Verbundenheit mit den Pflanzen und Tieren, mit Wasser, Erde,
Luft und Sonnenlicht bewusst zu werden. Wir können
eine solche Situation als mystischen Moment mitten
im Alltag nutzen. Er kann durch ein Lied Ausdruck
finden, durch eine frei formulierte Meditation auf die
Lebens-Mittel hin oder eine Minute des gemeinsa-
men Schweigens im Händekreis um den Tisch.

Ähnlich alltagsverankert ist die *Praxis der Achtsamkeit*, wie sie vor allem in der weltweiten Bewegung des vietnamesischen Lehrers Thich Nhat Hanh
als wichtigste spirituelle Übung gepflegt wird (siehe
5. Kapitel).

Einige Übungen der *Deep Ecology* (im Deutschen
etwas unglücklich übersetzt mit »Tiefenökologie«),
die unter anderem von Joanna Macy (USA) entwickelt
wurde, sind vor allem für Gruppen geeignet, um ein
Bewusstsein unseres Einsseins mit den Elementen
wie auch mit unseren Vorfahren und den zukünftigen
Lebewesen entstehen zu lassen. Die Übung »Durchat-
men« etwa, die in jedem ihrer Bücher beschrieben ist,
wende ich selbst gelegentlich an, wenn ich beim Zei-
tunglesen mal wieder auf eine besonders krasse Un-
glücksmeldung gestoßen bin, die ich nicht gleich wieder verdrängen will, die aber auch nicht in mir hängen
bleiben soll.

Damit bin ich bei *Ritualen*. Das sind stilisierte, feierliche Handlungen zu besonderen Anlässen: zur Geburt eines Kindes, zur Adoleszenz eines Jungen oder Mädchens, zu einer Hochzeit oder – soweit von beiden Beteiligten gewünscht – zu einer Scheidung, schließlich zu Tod und Bestattung eines Menschen. Auch Frühjahrsbeginn, Erntedank, Wintersonnenwende beziehungsweise Weihnachten sind neuer spiritueller Gestaltung würdig. Für Rituale gilt dasselbe wie bei Gebeten: Ihre Wirkung liegt im Bewusstsein der Beteiligten, nicht in einer magisch verstandenen Handlung.

Weiter oben habe ich Rituale etwas zu pauschal als Kennzeichen einer Religion benannt. Das sind sie, wenn sie erstarrt oder dogmatisiert sind und als unveränderlich gelten. Transreligiöse Rituale dagegen müssten experimentell, undogmatisch und veränderbar sein. Für solche Rituale gibt es kaum Vorbilder in einem Geist jenseits der Religionen. Umso mehr macht es Vergnügen, neue Formen zu entwerfen und auszuprobieren.

Ergibt all das zusammen doch wieder eine »Kapelle«? Vielleicht kann ein überindividueller Glaube nicht ganz »kapellenlos« sein, also nicht ohne Einfassung und Struktur, nicht ohne Sichtbarkeit und Erlebbarkeit? Dann aber soll »die Kapelle« weit offene Türen und große, helle Fenster haben. Auf dem bilderlosen Altar steht die »brennende Kerze«, vor allen Unwettern geschützt. Sie wird vielen Suchenden leuchten und so helfen, die Stürme der Welt auszuhalten, womöglich zu stillen.

Kommentierte Literaturliste

Verwendete und zur Vertiefung empfohlene Literatur:

Bloch, Ernst: Das Prinzip Hoffnung, Teil I-V, 2 Bände, Frankfurt/Main 1963.

> Dieses sehr umfangreiche Hauptwerk des unkonventionell marxistischen Philosophen stellt eine Enzyklopädie des Hoffens dar, aufgespürt in ganz alltäglichen Phänomenen, in kulturellen Niederschlägen und nachvollzogen durch die ganze Philosophie- und Religionsgeschichte. Bloch sieht Hoffnung als die elementarste Fähigkeit des Menschen.

Breidenstein, Gerhard: Hoffen inmitten der Krisen – Von Krankheit und Heilung unserer Gesellschaft, Frankfurt/Main 1990, 4. Auflage 2009.

> Der Autor unterzieht im ersten Teil dieses Buches die wichtigsten Krisen unserer nationalen wie internationalen Zusammenhänge einer gründlichen Analyse und kommt dabei gleichsam zu einer Diagnose der systemischen Erkrankungen. An dieser misst er dann im zweiten Teil die Realisierungschancen verschiedener Heilungsstrategien. Nur die können Hoffnung begründen, die der Krankheit an die Wurzeln im Kulturmuster

gehen und nicht nur Reformen vorsehen, also Schmerztabletten verschreiben.

Breidenstein, Gerhard: Zen-Meditation – eine Hochgebirgstour, Bielefeld 2013.

In Tagebuchaufzeichnungen schildert der Autor seine Erfahrungen als Schüler der Zen-Meditation. Die Metapher von einer Hochgebirgstour ermöglicht, die wichtigsten Aspekte dieser aus dem Buddhismus stammenden, aber inzwischen im Westen angekommenen Meditationsweise kapitelweise anschaulich darzustellen. Ein Zen-Buch konkret und »von unten«.

Brück, Michael von: Wie können wir leben? Religion und Spiritualität in einer Welt ohne Maß, München 2002.

Neben seinen zahlreichen religionswissenschaftlichen Publikationen (vor allem zu asiatischen Religionen) spricht von Brück in diesem Buch in leicht verständlicher Sprache spirituelle Fragen an: »Warum müssen wir leiden?«, »Was dürfen wir hoffen?« und »Was sollen wir tun?«. Neben den jeweiligen »Antworten der Religionen« bezieht er sich auf die sehr konkreten Fragen unserer modernen, krisengeschüttelten Welt.

Comte-Sponville, André: Woran glaubt ein Atheist? Spiritualität ohne Gott, Zürich 2008.

Ein in Frankreich populärer Philosoph, der sich als bekennender Atheist versteht, erlebt eines Tages völlig unvorbereitet etwas, das er selbst eine mystische Er-

fahrung nennt. Daraus entfaltet er eine Art Ethik der
Liebe. Sehr lesenswert, wie eine nichtreligiöse mystische Erfahrung ausführlich beschrieben wird.

Dalai Lama: Ethik ist wichtiger als Religion, Wals bei Salzburg 2015.

Der Dalai Lama, Oberhaupt des tibetischen Buddhismus, einer großen, sehr alten Religion, plädiert in seinem »Appell an die Welt« für eine säkulare Ethik jenseits aller Religionen, weil alle Religionen und alle
heiligen Schriften ein Gewaltpotenzial in sich bergen
und immer wieder zur Rechtfertigung von Kriegen
missbraucht wurden.

Felber, Christian: Die innere Stimme – Wie Spirituali-tät, Freiheit und Gemeinwohl zusammenhängen, Oberursel 2015, 3. Auflage 2016.

Der Autor wurde bekannt als Initiator des Konzeptes
einer Gemeinwohl-Ökonomie. In diesem Bändchen
bekennt und erläutert er, inwiefern für ihn diese Art
des nichtkapitalistischen Wirtschaftens mit einer Spiritualität der Allverbundenheit zusammengehört.

Fromm, Erich: Anatomie der menschlichen Destrukti-vität, Stuttgart 1974.

In ausführlicher Auseinandersetzung mit Konrad Lorenz betont Fromm, dass die destruktive Aggressivität,
wie man sie nur beim Menschen findet, als eine bio-
grafisch gewordene, psychiatrische Deformation zu
verstehen ist. Er erläutert das an extremen Fällen wie

Hitler, Himmler und Stalin und trägt so zu einem revolutionär neuen Verständnis »des Bösen« bei. Eine umfangreiche, fachspezifische Studie, die nicht leicht, aber lohnend zu lesen ist.

Leichter zugänglich und kürzer ist:

Fromm, Erich: Aggression. Warum ist der Mensch destruktiv?, ein Vortrag, Freiburg 2012.

Jäger, Willigis: Die Welle ist das Meer – Mystische Spiritualität, Freiburg 2000.

Eine in vielen Auflagen weitverbreitete, umfassende Darstellung mystischer Spiritualität für unsere Zeit. Da dies Taschenbuch aus einer Reihe von Interviews mit dem Herausgeber Christoph Quarch entstand, ist der Text als gesprochenes Wort leicht lesbar. Sehr zu empfehlen!

Lorenz, Konrad: Das sogenannte Böse – Zur Naturgeschichte der Aggression (1963), München 1977.

Die These von Lorenz, dass der Mensch wie jedes Tier aggressiv sei, wurde damals weltweit gelesen und diskutiert, geradezu gerne aufgenommen. Auf sie bezieht sich Erich Fromm und widerlegt sie unter anderem durch immanente methodische Kritik.

Gensichen, Hans-Peter: Tun-lassen – Ökologische Alltagsethik im 21. Jahrhundert, Halle 2003.

Der Autor, einst einer der Köpfe der Umweltbewegung in der DDR, buchstabiert ganz konkret und praktisch die vielen Handlungsmöglichkeiten, was mensch in der heutigen Situation in Deutschland unter ökologischen Kriterien tun kann und lassen sollte. Dabei variiert er den Buchtitel in »Tun und Lassen«, »Tun oder Lassen« und »tun- lassen«. Im letzten Kapitel (ab S. 283) reflektiert er das Lassen grundsätzlich und sehr inspirierend.

Krenn, Stephanie: Und mein Herz singt – Gebete und Gedanken im Lichtkreis der Liebe, Dortmund 1998.

In einer ungewöhnlich kreativen und poetischen Sprache formuliert Stephanie Krenn Gebete und Meditationen und entwickelt dabei eine wahrhaft transreligiöse Spiritualität.

Lovelock, Jim: Das Gaia-Prinzip. Die Biografie unseres Planeten, Zürich 1991.

Der frühere Klimaexperte der NASA entfaltet in dieser Schrift erneut die Hypothese, dass die gesamte Biosphäre auf der Erde ein zusammenhängendes, vielfältig vernetztes System eines sich selbst steuernden lebendigen Organismus sei. Er untermauert diese Annahme mit zahlreichen naturwissenschaftlichen Indizien für lebendige Systeme. Sehr beeindruckend! (siehe auch Sahtouris)

Macy, Joanna/Brown, Molly Young: Die Reise ins lebendige Leben – Strategien zum Aufbau einer zukunftsfähigen Welt, Paderborn 2003.

> Dies ist von allen Veröffentlichungen Joanna Macys die umfassendste. Sie enthält sowohl die theoretische Grundlegung der von ihr mit formulierten »Tiefenökologie« wie auch die wichtigsten der früheren Übungen, die in Seminargruppen zur Bewusstseinsveränderung angewandt werden können. Gerade die Verbindung von Theorie und Praxis macht dieses Buch besonders empfehlenswert.

Petersen, Claus: weltverbunden leben – Jahresbegleiter 2015, Reich-Gottes-Impulse für jeden Tag, zusammengestellt von Claus Petersen, Wiesbaden 2014.

Sahtouris, Elisabet: Gaia – Vergangenheit und Zukunft der Erde, Frankfurt/Main 1993.

> Die Autorin ist Biologin und Schülerin von Jim Lovelock. Sie erweitert dessen Gaia-Hypothese und bezieht sie deutlicher ein in die Perspektive der Evolution des Lebens auf der Erde. Sie plädiert für eine Politik des globalen Umweltschutzes.

Simon, Klaus: Zwickmühle Kapitalismus. Auswüchse und Auswege, Marburg 2014.

> Das Buch präsentiert eine erstaunlich klare und einfach zu verstehende kritische Analyse des modernen Finanzkapitalismus und legt überzeugend dar, dass

diese Art der Ökonomie ihre systembedingten Krisen nicht lösen kann. Der Autor referiert aber auch jene Alternativentwürfe, die in der Akademie Solidarische Ökonomie über viele Jahre erarbeitet wurden. Sehr lesenswert!

Sölle, Dorothee: Mystik und Widerstand – Du stilles Geschrei, Hamburg 1997.

Die Autorin war Theologin und Schriftstellerin und sehr engagiert in der Friedensbewegung und der internationalen Solidarität vor allem mit Lateinamerika. Nach einer systematischen Erfassung des Phänomens der Mystik entfaltet Sölle anhand einer ganzen Reihe individueller Porträts ein vielseitiges Bild von (überwiegend) christlicher Mystik in vielen Jahrhunderten und bis in das 20. Jahrhundert. Ein großartiges, reichhaltiges Buch!

Tolle, Eckhart: Eine neue Erde. Bewusstseinssprung anstelle von Selbstzerstörung, München: Arcana/Random House 2005.

Nach seinen Weltbestsellern »Jetzt!« und »Leben im Jetzt« bringt Tolle in diesem Band eine von vielen erhoffte Erweiterung des spirituellen Horizontes vom Einzelnen auf die ganze Menschheit, ja die ganze Erde. Neben den in den früheren Büchern dargelegten radikalen Analysen der Ego-Struktur führt er jetzt das Phänomen des »individuellen« und des »kollektiven Schmerzkörpers« ein.

Wagner, Jürgen: Meditationen über Gelassenheit –
Der Zugang des Menschen zu seinem Wesen im An-
schluss an Martin Heidegger und Meister Eckhart,
Dissertation, Hamburg 1995.

> Nach einer Skizze zu Gelassenheit in der Philoso-
> phiegeschichte umschreibt der Autor Ähnlichkeiten
> und Differenzen im Verständnis dieser Kategorie bei
> Heidegger und bei Meister Eckhart. Ausführlich be-
> handelt er das Grundwort »lassen« sowie »Orte der
> Gelassenheit«.

Zink, Jörg: Dornen können Rosen tragen – Mystik, die
Zukunft des Christentums, Stuttgart 1997.

> Dies ist die einzige umfassende systematisch-theologi-
> sche Darstellung einer christlichen Mystik für unsere
> Zeit, die ich kenne. In je einzelnen Kapiteln zeigt Zink
> die Wurzeln mystischen Glaubens bei Jesus und bei
> Paulus wie in weiteren Schriften des Neuen Testamen-
> tes und reflektiert die Auswirkungen auf das Gottes-
> verständnis, das Menschen- und das Weltverständnis
> und das Denken über Zukunft. Im Schlusskapitel
> »Ruhen in Gott« wird deutlich, wie sich all das auf das
> persönliche Glauben des Autors wie des Lesers, der
> Leserin auswirken kann.

Zink, Jörg: Unter dem großen Bogen – Das Lied von
Gott rings um die Erde, Stuttgart 2001.

> Eine unvergleichlich reiche Sammlung spiritueller
> Texte aus allen Kontinenten, Kulturen und Zeiten, von
> Jörg Zink ausgewählt und kommentiert. Da sie unter

verschiedenen Themenstellungen gruppiert sind, ist diese Sammlung eine unerschöpfliche Quelle spiritueller Texte für die Praxis.

Zumach, Andreas: Globales Chaos, machtlose UNO – Ist die Weltorganisation überflüssig geworden?, Zürich 2015.

Dieser auf die internationale Politik spezialisierte Journalist macht seine detaillierten Kenntnisse der globalen Konflikte, ihrer Hintergründe und Ursachen in leicht lesbarer Form den Lesern zugänglich. Neben einer kurzen Geschichte der UNO und ihrer Vorgängerinnen werden analysiert: der Kosovokrieg, der Irakkrieg, der Syrienkrieg, der 11. September, der Krieg gegen den Terrorismus und besonders den »IS« ebenso wie der jahrzehntelange Konflikt zwischen Israel und Palästina oder der Ukraine-Konflikt. Zumach zeigt am Beispiel all dieser Krisenherde, wie die UNO jeweils an einer befriedenden Rolle gehindert wurde, ja wie ihre Schwäche von den Großmächten politisch gewollt ist. Zwar referiert er auch erfolgreiche internationale Abkommen, macht aber immer wieder deutlich, dass nur eine grundlegend reformierte, mit eigenen Machtmitteln ausgestattete UNO zu einer effektiven Befriedung der Welt beitragen könnte.

Quellen der Motto-Texte

1. Kapitel (Ende): Marie Luise Kaschnitz, »Was wir noch können«, aus: Marie Luise Kaschnitz, »Steht noch dahin. Neue Prosa«. © Insel Verlag Frankfurt/Main 1970, S. 81.

2. Kapitel: Häuptling Black Elk, aus Jahresbegleiter »weltverbunden leben 2015«, hg. von Claus Petersen, Fenestra Verlag Wiesbaden 2014, S. 138.

3. Kapitel: Gerhard Tersteegen (protestantischer Mystiker im Barock), Lied »Gott ist gegenwärtig«, Strophe 5, Evangelisches Gesangbuch, Nr. 165.

4. Kapitel: Kabir (indischer Mystiker), zitiert nach Stephanie Krenn, »Und mein Herz singt«, Hieros Verlag Düsseldorf 1998, S. 44.

5. Kapitel: Rumi (türkischer Mystiker), zitiert aus J. Zink »Unter dem großen Bogen«, Kreuz Verlag Stuttgart 2001, S. 29.

6. Kapitel: Bhagavad Gita III, 19 f., zitiert aus »weltverbunden leben 2015«, a. a. O., S. 147.

7. Kapitel: (Anfang) Griet Petersen, zitiert aus: »Halten Sie doch mal die Andacht«. Ein Mut-mach-Buch, Kaufmann Verlag Nürnberg 1998, S. 12.
   (Ende) Frère Roger Schutz, zitiert aus »weltverbunden leben 2015«, a. a. O.

8. Kapitel: Stephanie Krenn, zitiert aus: »Und mein Herz singt«, a. a. O., S. 40.